LEWE MET MOSLEMS

Kursusboek

*'n Kursus om Christene te help
om hulle lewens met Moslems te deel*

Bert de Ruiter

"Sharing Lives" is deel van Operasie Mobilisasie.
http://www.sharinglives.eu

© Bert de Ruiter, 2016

Bibliographic information published by the Deutsche Nationalbibliothek
The Deutsche Nationalbibliothek lists this publication in the Deutsche Nationalbibliografie; detailed bibliographic data are available on the Internet at http://dnb.dnb.de.

ISBN 978-3-95776-205-4 (VTR)
ISBN 978-3-902669-37-7 (OM)

VTR Publications, Gogolstr. 33, 90475 Nürnberg, Germany
http://www.vtr-online.com

The contact details of your local OM office you find at
http://www.om.org

OM South Africa
Private Bag X03
Lynnwood Ridge 0040
Pretoria, South Africa

Scripture quotations taken from Die Bybel.
Nuwe Lewende Vertaling (2006).

INLEIDING　　　　LEWE MET MOSLEMS

INLEIDING

Oral in Europa (en ook hier in Suid-Afrika) lewe Christen- en Moslem-gemeenskappe langs mekaar, individue loop verby mekaar in die strate, hulle staan dikwels langs mekaar, wagtend op 'n bus of trem, hulle deel dieselfde woonstelgebou of klaskamers en werkplekke, maar in wese is hulle vreemdelinge vir mekaar.

Wat verhinder Christene om hul lewens met Moslems te deel? 'n Mens hoef nie die wêreld te deurkruis om Moslems te ontmoet nie. Meestal hoef jy maar net die straat oor te steek, maar wat weerhou mense daarvan om dit te doen? Is dit 'n gebrek aan inligting? Dit is te betwyfel. Daar is baie goeie boeke oor die Islamgeloof en daar word baie kursusse aangebied.

In die media is Islam warm nuus. Baie Christene praat oor Moslems wat kerke afbrand in Indonesië, Christene vervolg in Egipte, met vliegtuie in geboue vasvlieg en mense in Jemen kaap. Vir baie lank het dit ver van ons af gebeur. Toe word treine in Madrid en Engeland deur Moslems opgeblaas. 'n Nederlandse televisie-aanbieder is deur 'n Marokkaan in Amsterdam vermoor. Dit lyk ook asof Moslems nie bereid is om hulself aan te pas by "Christelike" Europese regte nie, maar eerder hulle eie regte opeis.

Navorsing het getoon dat vrees by uitstek die grootste faktor is wat Christene verhoed om 'n vriendskapsverhouding met Moslems aan te knoop. Die kursus, *Sharing Lives*, is ontwikkel om Christene in Europa (en ook hier in Suid-Afrika) te help om hulle negatiewe houding van angs, vooroordeel en agterdog ten opsigte van Islam en Moslems te oorbrug en Christene aan te moedig om met 'n houding van genade te reageer en hulle lewe met Moslems te deel.

Die naam van die kursus kom uit 1 Tessalonicense 2:8. Paulus skryf: *"Ons was heeltemal bereid om nie net God se Goeie Nuus met julle te deel nie, maar ook ons eie lewe, want ons het julle baie lief gekry."* Hierdie vers is 'n voorbeeld van 'n mens geworde getuie, waarin die deel van die Evangelie asook jou lewe met iemand 'n onafskeidbare eenheid geword het.

Die hoofdoel van die kursus, *Sharing Lives*, is om Christene te help om hulle vrees ten opsigte van Islam en Moslems te oorbrug, uit te reik en sinvolle verhoudinge met Moslems in hulle omgewing aan te gaan, om sodoende hulle lewens en die Goeie Nuus van Jesus Christus met hulle te deel. Hierdie kursus wil Christene motiveer om in vyf stappe hulle lewens met Moslems te deel. Elke stap word in een les aangespreek: (1) Ons siening van die Islamgeloof en Moslems; (2) Ontwikkeling van 'n houding van genade; (3) 'n Begrip vir Moslems; (4) Ontmoet met Moslems; en (5) Bou standhoudende verhoudings.

Naas hierdie kursushandboek is daar ook 'n Leiershandboek en bykomende inligting beskikbaar vir gebruik tydens die kursus (Powerpoint en filmgrepe). Besoek die webwerf www.sharinglives.eu vir meer inligting.

Dr. Bert de Ruiter
Amsterdam

LES 1   LEWE MET MOSLEMS

LES 1:
ONS SIENING VAN ISLAM

Doel: Om deelnemers in staat te stel om na te dink oor hulle houding ten opsigte van Islam en Moslems in die lig van die Bybel.

> **Neem 'n vel papier en skryf die eerste gedagtes wat by jou opkom, neer:**
>
> **Watter woorde, beelde, prente en gedagtes kom na vore as jy die woord *Islam* of *Moslem* hoor?**
> **Voltooi die volgende sin:**
> **"Wat Islam betref, dink ek dat binne 20 jaar … ."**
> **Finish the following sentence:**
> **"Wat Islam betref, hoop ek dat …"**
> **Bespreek die antwoorde wat elkeen gegee het.**

1 God se opdrag

In Mattheus 28:18-20 lees ons dat die opgestane Jesus Christus aan sy dissipels sê:

"God het die volle mag oor hemel een aarde aan My toevertrou. Gaan dan en maak al die nasies my dissipels, en doop hulle in die naam van die Vader en die Seun en die Heilige Gees. Leer hulle om alles te gehoorsaam wat ek aan julle opgedra het. En weet verseker: Ek is altyd by julle, tot aan die einde van die wêreldgeskiedenis."

Hierdie Groot Opdrag is vandag steeds relevant. Jesus Christus wil nog steeds al die mense op aarde tot sy dissipels maak. Dit sluit alle Moslems in ons land, stad en buurt in. Die Here van die kerk roep die mense van die kerk op om dissipels van alle mense te maak. Deur die

LEWE MET MOSLEMS   LES 1

eeue heen het Hy Sy mense/dissipels gebruik om ander mense na Hom toe te trek, maar somtyds het Hy moeite gehad met onwillige kinders van Hom, soos wat blyk uit die lewe van Jona.

2 Jona se reaksie op God se roeping

Die Here het die volgende boodskap vir Jona, die seun van Amittai, gegee:

Maak klaar en gaan na die groot stad Nineve toe! Praat ernstig met hulle, want ek het hulle slegte lewenswyse raakgesien. Maar Jona het in die teenoorgestelde rigting gegaan om van die Here af weg te kom. (Jona 1:1-3)

In die boek Jona sien ons die medelye wat God met die wêreld, selfs met die vyande van Israel het. God het die mense van Nineve geken en geweet wat hulle gedoen het. Hulle het Sy oordeel en straf vir hulle slegte dade verdien. In plaas daarvan om hulle onmiddellik te straf, het Hy egter aan hulle die kans gegee om berou te toon, sodat Hy hulle kan vergewe. God het meer plesier in vergifnis as in straf. Ons sien dikwels in Gods Woord dat Hy sy kinders gebruik om Sy doel in hierdie wêreld te bereik. Die Here wou Jona gebruik om sy doel in Nineve te bereik. Maar ons merk Jona se onwilligheid om hierdie opdrag uit te voer.

Om te begryp wat hierdie opdrag van God aan Jona ingehou het, moet ons meer van Nineve weet.

a Agtergrondgeskiedenis van Assirië en Nineve in die tyd van Jona

In Genesis 10:8-11 lees ons dat Nineve gebou is deur Nimrod, een van die eerste maghebbers op aarde. In die tyd van Jona was Nineve die hoofstad van die Assiriese Ryk. Assirië, 'n koninkryk, geleë tussen die Tigris- en Eufraat-rivier, het die antieke wêreld vanaf die negende eeu tot en met die sewende eeu v.C. oorheers. Hierdie ryk was een van die magtigste gevegsmagte van die antieke wêreld en een van die bloed-

LES 1 — LEWE MET MOSLEMS

dorstigste en wreedste beskawings waarvan ons weet. Vrees was een van die faktore wat bygedra het tot die Assiriese "sukses". Hulle berekende beleid om vrees te wek was waarskynlik die vroegste voorbeeld van sielkundige oorlogvoering. Dit was gebruiklik dat hulle in oorwonne stede alle mans, vrouens en kinders vermoor het. Assirië was die toonbeeld van wreedheid en gruweldade. Gevangenes is lewendig afgeslag en liggaamsdele is afgesny om vrees en angs by hulle vyande in te boesem.

In monumente van Assirië en in verslae uit die geskiedenis word gespog met hoe hoog die piramides, gebou van die afgekapte koppe van oorwonne vyande was, hoe stede verbrand is, mense deurboor is, hande afgekap is en mense afgeslag is. In een van die antieke monumente, ontdek in die ruïnes van antieke Assirië, is hierdie transkripsie van Koning Assurbanipal (hy het vanaf 883 v.C. geheers) oor 'n oorwonne stad gevind:

"Hulle manne, jonk en oud, het ek gevange geneem; van sommige het ek die voete en hande afgekap, anders se neuse, ore en lippe afgesny. Die jong manne se ore het ek op 'n hoop gegooi en van die ou manne se koppe 'n toring gebou." Hawlinson's "Five Great Monarchies" vol. 2, p. 85.

Die Assiriese beleid was om oorwonne volke na ander lande binne die ryk te deporteer om hulle nasionale gevoel te vernietig, hulle trots te breek en hoop op rebellie te vernietig. Hulle is vervang met vreemdeling van ver. Dit het hulle gedoen met die noorderlike stamme van Israel in 722 v.C. In 2 Kon17:24 lees ons:

"Die koning van Assirië het mense uit Babel,Kuta, Awwa, Hamaten Sefarwajim verskuif en in die dorpe van Samaria in die plek van die Israeliete laat vestig."

Hierdie mense is die Samaritane genoem.

In Nahum 3:1-4, 'n verslag wat 150 jaar na Jona geskryf is, lees ons die volgende beskrywing van Nineve:

LEWE MET MOSLEMS LES 1

"Dit sal sleg gaan met Nineve, stad van moord en leuens. Vol met buit, maar roof sonder ophou. Swepe klap, wiele dreun! Perde jaag, strydwaens bokspring! Ruiters kom aangejaag, swaarde blink en spiese blits. Daar is baie dooies, hope liggame, en mense struikel oor tallose lyke. Nineve, die mooi en sedelose vrou, is die oorsaak hiervan, sy wat guns wen met haar betowering, wat volke verslaaf met haar onsedelikheid en families met haar toorkuns."

Die afgodediens van die Assiriërs was heftig veroordeel deur meerdere profete in die Ou Testament (Jes 10:5; Eseg 16:28; Hos 8:9).

Teen hierdie agtergrond is dit nie moeilik om te begryp dat die meeste Israeliete die Assiriërs met 'n diepgewortelde haat, agterdog en vrees bejeën het nie. Die onwilligheid van Jona om na hierdie volk te gaan word meteens begryplik.

> **Bespreek:**
> **Plaas uself in Jona se skoene. Hoe sal u reageer op God se opdrag?**
> **Ly ons nog steeds vandag aan die "Jona-sindroom"? Ja? In watter opsigt(e)?**

3 Islam: ons Nineve?

Die vreesaanjaende Assiriese Ryk bestaan nie meer nie. Die beroemde stad Nineve is net 'n klein dorpie in die hedendaagse Irak. Ander maghebbers en outoriteite, stede en mense het hulle plek ingeneem. Vir baie Christene in Europa (Suid-Afrika?) is Islam die hedendaagse Nineve. Hulle sien die aggressie van Moslem-ekstremiste, hoor hoe geestelike leiers dinge sê wat vrees inboesem. Hulle kyk met agterdog na die baie Moslems wat in Westerse lande kom woon. Die houding van baie Christene in Europa (Suid-Afrika) weerspieël angs, vooroordeel en agterdog.

LES 1 LEWE MET MOSLEMS

4   Hantering van ons vrees vir Islam

Vrees is 'n natuurlike, basiese element en instink van die menslike natuur. Gesonde vrees beskerm ons teen werklike gevaar. Nie alles wat ons egter as gevaarlik beleef, is werklik gevaarlik nie.

'n Veelgebruikte akroniem vir "FEAR" is

> **F**alse
> **E**vidence
> **A**ppearing
> **R**eal

Alle vrees ontstaan vanuit ons waarneming. Alhoewel 'n groot hoeveelheid van die dinge wat ons vrees nooit 'n werklikheid word nie, is die valse bewyse dikwels baie oortuigend!

Vrees kan 'n wapen in Satan se hande word wat ons vrees gebruik om te verhinder dat ons alles word wat God wil dat ons word en doen. Die opdrag, "vrees nie", is een van die mees herhaalde opdragte in die hele Skrif! Sommige sê dat dit 365 keer herhaal word. Dit kommunikeer dat vrees en angs nie alleen een van die mees algemene menslike emosies is nie, maar ook 'n reaksie op die lewe is, wat nie altyd geregverdig is by 'n volgeling van Christus nie.

Dawid beskryf dié paradoks pragtig wanneer hy skryf:

"Die dag wanneer ek bang word, sal ek net op U vertrou. In God is my vertroue; ek sal nie vrees nie. Wat kan mense aan my doen?" (Ps 56:4-5)

Een manier om met vrees om te gaan is om meer te leer omtrent die oorsake van die vrees. In die konteks van hierdie kursus, wanneer ons ons vrees vir Islam ondersoek, is dit goed om te ontdek hoe Moslems hulle geloof beoefen, hoe hulle die Koran interpreteer en hoe Islam in Europa ontwikkel. In Les 3 van hierdie kursus sal ons verder daarop ingaan.

'n Ander manier om met vrees in ons lewens om te gaan is om dít wat ons vrees langs 'n ander werklikheid te plaas. Vir 'n Christen is hierdie

LEWE MET MOSLEMS   LES 1

realiteit God, ons Skepper en Vader en in Jesus Christus ons Verlosser. Om ons vrees vir mense te oorwin is om meer bewus te word van wie God is.

Dit is een van die boodskappe van Jesaja 40 tot 54. Dit handel oor 'n tydperk in die geskiedenis van God se volk wat parallelle met ons tyd vertoon.

5   Agtergrond tot Jesaja 40-54

Die profeet Jesaja het gedurende een van die donkerste periodes in die geskiedenis van Israel geleef. Die Noordelike Koninkryke (10 stamme) is na Assirië verban en die Suidelike Koninkryke (2 stamme) het op die punt gestaan om dieselfde lot te deel. Hulle sou deur 'n ander wêreldmag gevange geneem word: Babilon.

In Jesaja 40 tot 54 lees ons God se woorde aan Sy mense gedurende dié moeilike tydperk in die geskiedenis. Hulle was in ballingskap en die tempel van die heilige stad Jerusalem was verwoes. Die Israeliete was verstrooi tussen die vreemde volke. Ander konings en magte, koninkryke en hulle gode het hulle verower. Hulle glorieryke dae was iets van die verlede, met geen tempel, geen land en geen identiteit nie. Die volk van God was ontmoedig, moedeloos en het gedink dat God hulle verlaat het. Hulle het gesê: "Die Here sien nie my moeilikhede raak nie. God weier om na my saak te luister." (Jes 40:27) en "Die Here het my verlaat. Die Here het my vergeet." (Jes 49:14)

Die glorieryke dae van Dawid en Salomo het tot 'n einde gekom. Israel was nie meer 'n onafhanklike koninkryk nie. Hulle het gedink dat solank die tempel in Jerusalem was, hulle veilig was, maar nou was die tempel verwoes. Die mense word beskryf as mense *"wat geplunder en gebuit is ..."* met niemand om te red nie. Hulle is geplunder sonder iemand wat sê: *"Gee hulle terug."* (Jes 42:22; sien ook 49:19-21)

Hulle was teleurgesteld, depressief, onseker en bang.

In hierdie donker tyd in die geskiedenis van Israel word die profeet Jesaja deur God geroep om die volk te bemoedig (Jes 40:1). In gehoor-

LES 1 LEWE MET MOSLEMS

saamheid aan die opdrag bring hy herhaaldelik die boodskap: *"Moenie bang wees nie."* (sien Jes 40:9; 41:10,13,14; 43:1,5; 44:2,8; 51:7,12; 54:4,14)

God wil dat hulle hul vrees te bowe kom deur hulle gedagtes op Hom te rig: *Moenie bang wees nie ... Hier is jou God!* (Jes 51:12,13) God vertroos sy angsbevange volk deur meer van Homself bekend te maak:

"Ek, ja, Ek is die Een wat julle troos. Hoekom is julle dan bang vir gewone mense wat soos gras vergaan? Julle het vergeet van die Here, julle Skepper. (Jes 51:12,13,14)"

Uit hierdie gedeelte van die Bybel wat begin met die woorde: *"Troos, troos my volk,"* en eindig met die bemoediging: *"Maar geen wapen wat teen jou gemik word sal iets teen jou kan uitrig nie. Elke aanklag teen jou sal jy weerlê. Dit is die erflating van die dienaars van die Here. Aan hulle laat Ek reg geskied"* (Jes 54:17), kan ons vyf eienskappe van God leer wat ons spesifiek kan help om ons angs vir die Islam te oorbrug:

A   God beloof om by ons te wees – wat ookal gebeur

Daarom, moenie bang wees nie, want Ek is by jou. (Jes 43:5; 41:10)

Een van die redes waarom mense van God onder alle omstandighede nie hoef te vrees nie, is omdat God beloof om by hulle te wees. God sal by ons wees (Jes 41:10;43:5). Hy sal ons nie verlaat nie (Jes 41:17; 42:16), en Hy sal ons nie vergeet nie (Jes 44:21; 49:15).

God by ons is geen waarborg vir 'n sorgvrye lewe nie. Daar kan struikelblokke en probleme wees, maar niks kan ons werklik skei van God nie (Jes 43:1-2):

Moenie bang wees nie want Ek het jou verlos ... Wanneer jy deur diep water gaan, sal Ek by jou wees.

Jesus, Immanuel (wat beteken "God met ons"), het belowe om altyd by ons te wees tot die einde van alle tye (Matt 28:18-20). God se nabyheid vertroos ons in vreesaanjaende omstandighede.

LEWE MET MOSLEMS   LES 1

B   God se doel hou stand – wat ookal gebeur

Ek maak die einde bekend vanaf die begin. Uit die verlede, dit wat nog moet gebeur. Wat Ek besluit, voer Ek uit. Wat Ek wil, doen Ek …. Wat Ek gesê het, sal Ek laat gebeur. Wat Ek beplan, dit sal ek doen. (Jes 46:10,11)

In Sy begeerte om Sy volk te troos en hulle te help om hulle vrees te bowe te kom, wil God ons help om te fokus op wie Hy is:

B.1   Hy is die Almagtige Skepper

"Ek, ja, Ek is die Een wat julle troos. Hoekom is julle dan bang vir gewone mense, vir mense wat soos gras vergaan? Julle het vergeet van die Here, julle Skepper wat die hemel oopgespan het, wat die fondamente van die aarde gelê het. Jy was altyd vol vrees vir die woede van die verdrukker, wat uit is op vernietiging. Maar waar is die toorn van die verdrukker nou?" (Jes 51:12,13)

In angsaanjaende tye, wanneer dit om ons storm, wanneer die fondamente van ons lewens dreig om inmekaar te stort, wil God dat ons onthou dat Hy die Almagtige Skepper God is. Onse God is die Skepper van alle dinge (44:24; 48:13; 51:16). Hy weeg en meet (40:12) die hemel en die aarde, die water en die berge (40:12), die bosse en die diere (40:16), die sterre en die planete (40:26), asook die nasies en die eilande (40:15). Regeerders en alle mense van die aarde het hulle bestaan aan die Ewige God te danke, die Skepper van die einde van die aarde. Dit is die Almagtige Skepper wat asem gee aan almal op aarde en lewe vir alles wat daarop beweeg (42:5). Hy het die hemel en die aarde geskep vir 'n doel (45:18). Hy is die Almagtige Skepper, wat niemand se hulp nodig het nie (40:13,14; 44:24). Ons kan op Sy krag, wysheid en Sy dryfkrag vertrou, selfs al kan ons dit nie altyd begryp nie.

Mense en magte wat vir ons indrukwekkend lyk en by ons vrees inboesem is vir Hom soos 'n druppel in 'n emmer (40:15), of soos

LES 1

LEWE MET MOSLEMS

sprinkane (40:22), of klei (45:9) in die hande van die Almagtige Skepper.

B.2 Hy is die Regter van die hele aarde

"Bly stil en luister na My, eilande en kusgebiede. Laat die nasies hulle krag hernu en hulle saak stel. Laat die hof die saak uitmaak." (Jes 41:1)

God roep die nasies en hulle afgode om hulle saak te stel en met hulle beste argumente te kom (Jes 41:19-25), om hulle getuies te roep (43:9-21), om bymekaar te kom vir 'n vergadering (45:20). Jesaja skets 'n beeld van ons regverdige God wat alle nasies roep, al die volke om hulle kragte te versamel en voor sy regterstoel te verskyn. God is die regter van die hele aarde. Hy roep alle nasies om rekenskap te gee van hulle lewe, hulle godsdiens en hulle gedagtes. Hulle kom in Sy regsaal tereg. Hy is die regter van almal en op Sy bepaalde tyd sal Hy oordeel oor elke persoon.

Hy het Hom verbind aan reg en geregtigheid. Sy oordeel sal 'n lig wees vir die volke (Jes 51:4) en Sy arm sal geregtigheid bring vir die nasies. Sy regspraak sal vir altyd duur (51:6). Selfs al lyk dit of onreg en onregverdigheid nou heers, God, die Regter van die hele wêreld, sal alles op Sy bepaalde tyd herstel en daar sal 'n tyd kom wanneer elke knie sal buig en elke tong Sy koningskap sal bely (45:23).

Die versekering van God se oordeel aan die einde van die tye weerhou ons daarvan om nou die reg in eie hande te neem.

B.3 Hy is die Heerser van alle heersers

"Wie het iemand uit die ooste wakker gemaak? Hy wie se voetstappe oorwinning bring. Hy gee nasies aan Hom oor, onderwerp konings aan Hom. Hy maak hulle tot stof met Sy swaard. Sy boog maak van hulle kaf wat die wind wegwaai." (Jes 41:2-3)

God verneder prinse en regeerders wat nou so magtig vertoon en soveel verwoesting saai en maak hulle tot niks (Jes 40:23). Hy gebruik

LEWE MET MOSLEMS **LES 1**

politieke leiers, wat dink dat hulle hul eie planne uitvoer, om Sy ewige doelwitte te bereik (Jes 41:25; 44:28; 45:1-13).

Die tekste in Jesaja verwys primêr na Kores, die Persiese koning, na wie God verwys as "My herder" (44:28) en "gesalfde" (45:1), wat alles sal doen wat God sê om sy planne uit te voer. Ons kry 'n beeld van God wat 'n koning oproep en uitstuur en nasies aan hom oorlewer. God is Heerser van die heersers van die geskiedenis. Hy beheer die bedrywighede van mens en nasies om tot sy doel te kom. God sal 'n einde maak aan die goddelose rykes van die wêreld (byvoorbeeld Babilon in Jesaja se tyd); ten spyte daarvan dat hulle dink hulle mag sal ewig duur (Jes 47:7). In Sy almag het God vreemde nasies gebruik om Israel te straf (Jes 47:6).

B.4   Hy is die Eerste en die Laaste

"Wie het dit bewerk, die verloop van dinge van die begin af bepaal? Dit is Ek, die Here, die Eerste. Wanneer die laaste dinge gebeur, sal ek die Here, daar wees." (Jes 41:4; 43:10; 44:6; 48:12)

God is in beheer van die verloop van menslike gebeure. God is die eerste – Hy is die absolute werklikheid, bo alle werklikhede en waarvan alle werklikhede afhanklik is. Hy is die ongeskepte Eerste; Hy is ewig (Jes 40:28). Hy sal op die einde daar wees wanneer alles bereik is volgens sy ewige plan. Hy ken die toekoms (Jes 45:11).

Die geskiedenis van die mensheid is nie maar net 'n willekeurige, betekenislose kombinasie van onbeplande gebeure nie. Daar is 'n God in die hemel wat menslike planne rig tot 'n finale oplossing en afloop. Dit beteken dat daar 'n absolute plan van God in die geskiedenis van die mensheid is en dat Hy dié weg volgens Sy bepaalde eindtyd bepaal. As God die Eerste en die Laaste is, dan het Hy ook die outoriteit oor alles daar tussenin en is Hy in beheer van die geskiedenis van die mens en ook van ons persoonlike lewens.

Dat God na Homself verwys as die Eerste en die Laaste, wys ook daarop dat Hy die enigste werklike mag, die enigste outoriteit is. Hij is die Ware Werklikheid, die Enige Redder:

LES 1   **LEWE MET MOSLEMS**

Ek, ja, Ek is die Here. Buiten My is daar geen redder nie. (Jes 43:11, asook Jes 44:8; 44:24; 45:5,6,18,21,22; 46:9,10)

Na Jesus word ook verwys as die Eerste en die Laaste in Openbaring 1:17 en 22:13.

> **Bespreek:**
> - God is die Almagtige Heerser van die geskiedenis. Kan ons hieruit iets leer wat betref die ontstaan van Islam in die sesde eeu na Christus?
> - In die lig van God se soewereiniteit hoe moet ons dink oor Osama bin Laden en groepe soos die Taliban en ISIS/Islamitiese Staat? Kan die mense deur God gebruik word om sy doel te bereik? Wat kan hierdie doel dan wees?
> - Wat is die verband tussen die heerskappy van God en die aankoms van miljoene Moslems in Europa?
> - Kyk wat die apostel Paulus sê: "Uit een mens het Hy elke nasie van die mensdom gemaak, om oor die hele aarde te woon. Hy het die tye van hulle bestaan bepaal, en die grense van hulle blyplek. God se doel met die nasies was om Hom te soek, al sou hulle ook moes rondtas om Hom te vind. Nie dat Hy ver van enigeen van ons af is nie." (Hand 17:26-27) Hoe kan ons Moslems, op soek na God help om God te vind?

C   God is verbind aan Sy mense – wat ook al gebeur

"Maar jy Israel, my dienaar: Jy is Jakob wat Ek gekies het, afstammeling van Abraham, my vriend. Jou het Ek terug geroep vanaf die uithoeke van die aarde. Ek het gesê: 'Jy is my dienaar', want Ek het jou uitgekies. Ek het jou nooit verwerp nie." (Jes 41:8-9)

"Moenie bang wees nie, want Ek het jou verlos. Ek het jou by jou naam geroep. Jy is myne." (Jes 43:1)

In die tyd van Jesaja het God se mense gedink dit is alles verby. Ander magte het sterker gelyk en hulle toekoms het donker gelyk. In hierdie

LEWE MET MOSLEMS　　　　　　　　　　　　　　**LES 1**

dae vrees baie Christene in Europa dat die kerk in Europa sal verdwyn en dat die Islamgeloof sal oorneem. Hulle sien dat kerke omskep word in moskees en ondervind dat die invloed van Christene in die maatskappy aan die afneem is. Teen dié agtergrond is Jesaja se boodskap steeds relevant. Jesaja toon in sy tyd aan God se mense en indirek aan die Christene van die 21ste eeu in Europa dat hulle kosbaar is in die oë van God (43:4); Hy het ons name in Sy handpalm gegraveer (49:16). God skaam Hom nie om Homself hulle God (40:1; 43:3), hulle Redder (43:3), Hulle Verlosser (43:14) en Koning (43:15) te noem nie. Hy het Sy reputasie aan hulle verbind (48:11; 43:7); Hy beskerm hulle teen gevaar (43:2; 54:17); Hy versorg hulle soos 'n herder (40:11); Hy bied Sy hulp aan (40:13,14); Hy versterk hulle (41:10). Hy Troos hulle (40:1; 51:12); Hy beloof hulle 'n mooi toekoms (42:14-16; 43:5,6).

D　　God se bedoeling met sy dienare gaan via die kruis – wat ookal gebeur

God beloof om met ons te wees. Sy soewereiniteit en verbond met ons beteken nie dat Sy mense nie moeilikhede soos vervolging en swaarkry sal meemaak nie. Inteendeel, in hierdie hoofstukke van Jesaja leer ons dat lyding onafskeidbaar deel is van die voltrekking van God se ewigheidsplan. In hierdie hoofstukke van Jesaja vind ons vier "Diensknegliedere" (42:1-9; 49:1-6; 50:49; 52:13; 53:12). Elke gedeelte vertel van 'n dienaarfiguur aan wie God 'n opdrag gee. Die groot werke van die Here ter wille van Israel en ter wille van die hele wêreld, waarvan in Jesaja vertel word, word uitgevoer deur hierdie figuur. Die karakter en bediening van hierdie Dienskneg van die Here word voltrek in Jesus Christus. Die Dienskneg van die Here tree na vore as die een wat die terugkeer uit ballingskap bewerk, nie alleen 'n geografiese terugkeer nie, maar ook 'n spirituele terugkeer. Dit is deur dié Dienaar van God dat God se doel bereik sal word. Dit is betekenisvol dat drie van hierdie Diensknegliedere vertel van lyding. In die tweede (49:4,7) en die derde lied (50:6) is dit nie so opvallend nie, maar in die vierde deel speel lyding 'n belangrike rol. As die Dienskneg van die Here nie die lydingsweg verby kon gaan op Sy weg na oorwinning en

LES 1 LEWE MET MOSLEMS

die voltooiing van God se plan nie, kan ons aanvaar dat pyn, lyding en vervolging 'n normale onderdeel is van die navolging van Jesus.

6 Ontsag (Vrees) vir God oorwin vrees

Wie van julle dien die Here en doen wat sy dienaar sê? Hy wat sonder enige lig in die donkerte loop, moet vertrou op die naam van die Here, en staatmaak op sy God! (Jes 50:10)

In hierdie gedeelte van die Bybel, waar God sy volk troos deur hulle op Homself te rig, sê Hy meer as tien keer, "Moenie bang wees nie". Ons word aangemoedig om geen angs te hê vir mense, regeerders, situasies, ons toekoms, onregverdigheid, en so meer nie. Ons word aangespoor om "die Here te vrees".

Die uitdrukking, "vrees vir die Here", dui op 'n houding van respek, vertroue, oorgawe en gehoorsaamheid. Hoe meer 'n mens die Here vrees, hoe minder vrees jy mense en omstandighede. Vrees vir die Here help ons om ons vrees vir mense te oorwin soos ook Dawid verwoord:

Geseënd is Hy wat die Here dien ... Vir slegte tyding is hy nie bang nie: hy is gerus, hy vertrou op die Here. Hy voel veilig en is sonder vrees ... (Ps 112:1,7)

HUISWERK

Die huiswerk uit hierdie les en ter voorbereiding van die volgende les is GEBED. Spesifiek: gebed vir verandering. Verandering in die wêreld van Islam ... [ook in ons land] Verandering in ons hart veral ten opsigte van ons houding en kontak met Moslems.

Ons wil u aanmoedig om daagliks vir Moslems te bid: Moslems in die nuus, Moslems van wie u gehoor het en persoonlike kennisse. Bid dat God vir hulle sal roep as Sy dissipels.

Ondersoek u houding ten opsigte van Islam en Moslems gedurende u tyd van gebed. Neem die vel papier waarop u aan die begin van die les u gedagtes en indrukke omtrent Islam en Moslems, sowel as hoe u die Islam sien en graag wil sien oor 20 jaar, neergeskryf het.

LEWE MET MOSLEMS — LES 1

> **Gebruik die inhoud van hierdie dokument gedurende u gebedstyd, tot en met die volgende les, saam met die volgende Psalms:**
>
> Dag 1: Psalm 137
> Dag 2: Psalm 109
> Dag 3: Psalm 55
> Dag 4: Psalm 69
> Dag 5: Psalm 56
> Dag 6: Psalm 27
> Dag 7: Psalm 91
>
> **Stel dié vraag by elke Psalm: Watter les uit die Psalm kan ek toepas ten opsigte van my houding teenoor en my siening van Moslems en die Islam?**

Sommige van hierdie Psalms (bv. Ps 55) is sogenoemde "vloekpsalms", waarin die skrywer God vra om sy vyande te straf. Baie Christene vind dit moeilik om hierdie Psalms in harmonie te bring met God se liefde en Sy gebod om ons vyande lief te hê. Dit is egter nie 'n teenspraak nie. Om hierdie Psalms te bid beteken dat ons die waarheid erken in Romeine 12:17-21 (aanhaling uit Deut 32:35):

"Moenie kwaad met kwaad vergeld nie. Wees goedgesind teenoor alle mense. As dit moontlik is, sover dit van julle afhang, leef in vrede met alle mense. Moenie self wraak neem nie, geliefdes, maar laat dit oor aan die oordeel van God. Daar staan immers geskrywe: 'Dit is my reg om te straf: Ek sal vergeld', sê die Here."

Hierdie Psalms leer dat in ons interaksie met ons hemelse Vader plek is vir ons emosies, ook ons negatiewe emosies. Wanneer ons, ons woede, vrees, bekommernisse en vooroordele na 'n liefdevolle, genadevolle, heilige en regverdige God toe bring, kan ons negatiewe emosies rus vind in Sy teenwoordigheid en leer Hy ons wat dit beteken om vol van genade en vergifnis te wees, net soos Hy is.

LES 2   LEWE MET MOSLEMS

LES 2:
KWEEK 'N HOUDING VAN GENADE

Doel: Om te begryp hoe belangrik die verstaan van die genade van God in die Bybel en in ons eie lewens is en spesifiek ook ten opsigte van ons verhoudinge met die Islamgeloof en Moslems.

> **Om te doen:**
> Bespreek met mekaar die huiswerk/opdrag van Les 1:
> die gebede en die lees van die vloekpsalms.
> Wat het u ontdek of geleer?

1   Inleiding

In Les 1 het ons nagedink oor ons houding ten opsigte van die Islamgeloof en Moslems. Wanneer ons ons negatiewe gevoelens van vrees, vooroordeel en angs na God toe bring, ontstaan daar ruimte om 'n ander houding te ontwikkel, naamlik 'n houding van genade. Dit is die onderwerp van die tweede les. Ons gaan nadink oor die genade van God in die lewe van Jona, en sy onwilligheid om 'n instrument van genade te wees. Die kursus wil ons help om te groei in ons verstaan van die belangrikheid van genade in die Bybel en in ons lewens en wil aantoon hoe 'n houding van genade na Moslems toe daar uitsien.

> **Om te doen:**
> Skryf op 'n vel papier neer wat jy onder "genade" verstaan.
>
> **Bespreek:**
> C.S. Lewis het gesê: *"Christianity's unique feature among world religions is grace."* Stem jy daarmee saam? Verduidelik jou antwoord.

LEWE MET MOSLEMS   LES 2

2   Lesse in genade uit die lewe van Jona

Jona het uit die ingewande van die vis tot die Here sy God gebid. Hy het gesê: "In my groot nood het ek die Here aangeroep en Hy het my geantwoord. Ek het uit die doderyk geroep en U het my gehoor." (Jona 2:1-2)

Jona het van die Here af weggevlug en hy is deur God gestraf. Ten spyte daarvan, roep hy na God om hulp. En God betoon genade. Terwyl Jona in die vis was, het hy besef hoe afhanklik hy van die genade van God was en hy het uitgeroep: *"Net die Here bring verlossing."* (2:9b) Die vis simboliseer die genade van God in Jona se lewe. 'n Skuldige persoon het geen reg op genade nie. Omdat ons hierdie geskiedenis goed ken, is ons dikwels blind vir die wydheid van God se genade en empatie wat hier vertoon word. Die Here wil ons leer om genadevol te wees in plaas van hoogmoedig en vooroordelend. Hy wil dat ons harte so ryk aan genade en kompassie sal wees as wat Hy is. Maar ... uit die verhaal van Jona leer ons dat Jona steeds nie die les begryp het nie.

Het ek nie voor ek by die huis weg is, gesê dit is wat u sou doen nie, Here? Dit is die rede hoekom ek na Tarsis gevlug het! Ek het geweet u is 'n genadige God, 'n God van medelye. U word stadig kwaad en is liefdevol en getrou. Ek het geweet U kry maklik berou en dat U van plan sou verander en hulle nie straf nie. (Jona 4:2-3)

Wat Jona verwag het en die rede waarom hy ongehoorsaam was aan God se opdrag om na Nineve te gaan, het 'n werklikheid geword. God het die mense van Nineve vergewe en het genade betoon in plaas van om hulle te straf. In Hoofstuk 4 gaan ons meer leer omtrent God se genade en geduld met Jona. God is nie tevrede met net gehoorsaamheid nie. Dit sien ons by Jona in hoofstuk 3 as hy oordeel verkondig. Wat God verwag is dat Jona leer om genade te betoon aan dié aan wie God genade betoon. By Jona was daar geen hartsverandering vanaf sy aanvanklike roeping in hoofstuk 1 nie. God vra aan Jona: *"Is dit reg van jou om hieroor kwaad te wees?"* (4:4) God vra dat Jona homself te ondersoek en ook sy houding ten opsigte van die mense na wie toe

LES 2   LEWE MET MOSLEMS

God hom gestuur het. Alhoewel Jona 'n pragtige teologiese standpunt maak (4:2), toon die res van die hoofstuk aan dat goeie teologie nie noodwendig regte denke en 'n regte hartsingesteldheid tot gevolg het nie. Daarom word Jona gevra om selfondersoek te doen. Dink hieroor na: As enige iemand die reg gehad het om boos op die Nineviete te wees, is dit God, wie sonde en geweld haat. Hy kies egter om genade te betoon en vergifnis te skenk aan sondaars en geweldenaars. Wie is Jona dan om boos te wees as God kies om Nineve nie te verwoes nie? Jona weet dat in die Pentateug gesê word: *Ek sal wraak neem. Dié wat dit verdien sal Ek terug betaal.* (Deut 32:35)

Dit is God se verantwoordelikheid, nie Jona se reg nie. Jona se probleem is dat hy God wil beheer.

Ons speel God wanneer ons voortgaan om kwaad te wees vir individue of groepe mense wat God vergewe het, wanneer ons straf in ons eie hande neem deur 'n negatiewe houding, venynige woorde of vyandige, afbrekende dade. Ons hardloop voor God uit as ons straf uitdeel volgens ons eie oordeel van reg. God vra aan ons, net soos aan Jona: "Is dit jou reg?" En die enigste regte antwoord sal moet wees: "Nee, Here, dit is U reg, nie myne nie. Ek handel/doen verkeerd as ek kwaad bly." Mense wat God se medelye en genade geniet, het geen reg om te murmureer oor die soewereine uitbreiding van genade aan andere nie, maak nie uit hoe onverdiend nie.

> **Bespreek:**
> **Dit was bie moeilik vir Jona om 'n "Genade-gewer" te wees. Herken u dit ook in u eie lewe? In watter situasies vind u dit moeilik om ander met 'n houding van genade te benader?**
> **Herken ons iets van Jona se houding ten opsigte van die Nineviete in ons eie houding ten opsigte van die Islamgeloof en Moslems? Verduidelik.**

LEWE MET MOSLEMS   LES 2

3 Wat is genade? 'n Beskrywing van genade.

... Maar deur God se onverdiende goedheid (genade) is ek wat ek vandag is. (1 Kor 15:9-11)

Iemand het die volgende akroniem, 'n redelike goeie een, ontwikkel as 'n "definisie van genade"

G (God's) **R** (riches) **A** (At) **C** (Christ's) **E** (Expense)

Een van die bekendste kort definisies van genade is "God se onverdiende guns". Die Griekse woord vir genade is *charis*. Die basis is "nie op meriete nie; onverdiende guns; 'n onverdiende geskenk; 'n guns of seëning; as 'n geskenk ontvang, kosteloos en nooit as betaling vir werk wat gedoen is." Die Hebreeuse term *chesed* (genade) beteken "om neer te buig". Dit sluit die betekenis in van neerbuigende goedheid (Ps 18:35). Genade is dit wat God vir die mensheid doen deur Sy Seun, dit wat die mens nie kan verdien nie, nie verdien nie, en nooit reg op het nie. In die Bybel word die genade van God beskryf as "groot" (Ef 1:6); "ryklik" (Hand 4:33); "oorvloedige rykdom" (Ef 1:7; 2:7); "veelvoudige genade" (1 Pet 4:10) en "genoeg" (2 Kor 12:9). As ons 'n studie maak van die konsep van genade in die Bybel, merk ons drie dinge op:

1 genade is deel van wie God is;
2 genade is verbind aan alle hoofleerstellings in die Bybel;
3 genade moet gesien en herken word in die lewens van Christene.

Laat ons kortliks hierdie drie aspekte onder die loep neem.

3. A Genade is deel van wie God is

3.A.1 Ons vind die genade van God dwarsdeur die Bybel

Die term "genade van God" verskyn twintig maal in die Nuwe Testament.[1] Hierdie frase gee uitdrukking aan die oorsprong van genade. God word "die God van alle genade" genoem, wie heers op die troon

---

[1] Lukas 2:40; Hand 11:23, 13:43; 14:26; 20:24; Rom 5:15; 1 Kor 1:4; 3:10; 15:10; 2 Kor 1:12; 6:1; 8:1; 9:14; Gal 2:21; Kol 1:6; Tit 2:11; Hebr 2:9; 12:15; 1 Pet 10; 5:12.

LES 2 — LEWE MET MOSLEMS

van genade (Heb 4:16). Die Gees van God word die "Gees van genade" (Heb 10:28,29) genoem. Die Evangelie word "die Evangelie van God se genade" (Hand 20:24) genoem. Die Woord van God word "die Woord van Sy genade" (Hand 20:32) genoem.

Die leer van heilige genade is onderliggend aan de gedagte van die Ou en Nuwe Testament. In die Ou Testament is daar veral die afwagting en die voorbereiding op die volheid van die genade wat in die Nuwe Testament manifesteer. Die woord *genade* kom vir die eerste keer voor in die Septuagint-vertaling van Genesis 6:8, waar ons lees "… *Maar Noag is deur die Here begenadig.*" Een van die laaste woorde van God in die Bybel is: *"Ja, Ek kom gou! Amen! Kom, Here Jesus!"* Die genade (onverdiende goedheid) van die Here Jesus sal met almal wees (Op 22:20-21).

3.A.2 Jesus is die finale manifestasie van God se genade

En die Woord het mens geword en by ons kom woon. Ons het sy heerlikheid duidelik gesien; 'n heerlikheid soos dié van die enigste seun van die Vader, vol liefdevolle goedheid en waarheid. … Uit sy volheid het ons almal 'n oorvloed onverdiende goedheid (genade) ontvang. Die wet is deur Moses gegee, die onverdiende goedheid (genade) en waarheid het deur Jesus Christus gekom. (Joh 1:14,16,17) Die liefdevolle goedheid (genade) van God wat verlossing bring, het inderdaad vir almal sigbaar geword. (Titus 2:11).

Die genade van God is meer as 'n heilige kenmerk; dit is 'n heilige Persoon, Jesus Christus. Jesus Christus was nie alleen die inkarnasie van God nie, maar was ook die inkarnasie van genade. Jesus self verpersoonlik en gee uitdrukking aan die genade van God.

3.B Genade is onskeidbaar van alle hoof leerstellings in die Bybel

Dit is mos die onverdiende goedheid wat julle gered het toe julle tot geloof gekom het. En julle geloof kom nie uit julle self nie, maar is 'n gawe van God. Dit is nie die gevolg van julle dade nie. Niemand kan daaroor grootpraat nie, want ons is God se handewerk. (Ef 2:8-9)

LEWE MET MOSLEMS **LES 2**

Genade is die hart, die fondament. Dit raak alle terreine van die waarheid of leer op een of ander wyse. Elke aspek van die verlossingsleer is verbind aan genade. Ons is vrygespreek deur die geskenk van God se genade (Titus 3:4-8; Rom 3:21-24). Ons is deur genade gered (2 Tim1:9; Hand 15:8-12). Ons is vergewe, verlos, aangeneem as God se kinders deur God se genade (Ef.1:3-8; Hand 18:26-28). Ons is geroep en gekies deur God se genade (2 Tim 1:7-10; Gal 1:6; Gal 1:13-17; Rom 11:5,6). Ons toekomstige hoop en ewige sekuriteit is gebaseer op genade (2 Tes 2:1517; 1 Pet 1:13-15; Rom 5:1,2).

Genade is kosbaar. In die eerste brief van Paulus, waarin hy baie oor genade praat (1:2,10,13; 2:19,20; 3:7; 4:10; 5:10,12) herinner hy sy lesers dat ons nie vrygekoop is met verganklike middele soos silwer en goud nie, maar met die *"kosbare bloed van Jesus Christus"* (1:19).

Wat 'n wonderlike Goddelike paradoks – die prys van genade was vir God onberekenbaar, en tog is dit onvoorwaardelik gratis vir alle mense! Genade is God se onverdiende goedheid vrylik aangebied, maar wat uitdrukking kry in die duurste prys ooit – die bloed van Jesus Christus.

In 1 Kor15:10, skryf die apostel Paulus:

Maar deur God se onverdiende goedheid (genade) is ek wat ek vandag is. Hy het Sy goedheid(genade) nie tevergeefs aan my bewys nie.

Hierdie getuienis is 'n uitstekende illustrasie van die praktiese toepassing van genade. Die kenmerk van 'n kind van God is dat hy deur die onverdiende goedheid (genade) van God is wat hy is.

3.C   Genade moet gesien en herken word in ons lewens

*Toe hy (Barnabas) daar kom en **sien** hoe God in sy genade onder hulle gewerk het, was hy bly. (Hand 11:23)*

Omdat genade so omvattend deel is van die karakter van God en omdat dit die basis is van ons redding en elke goeie geskenk van ons hemelse Vader, sal dit normaal moet wees dat genade 'n sentrale rol sal speel in die lewens van Christene en dat dit gesien word in alles

LES 2 — LEWE MET MOSLEMS

wat ons is en doen. Toe Barnabas in Antiochië aankom, het hy die genade van God gesien in die lewens van die gelowiges. Die apostels het die genade van God in Paulus gesien en hulle het hom die regterhand gegee as teken dat hulle een in Christus is (Gal 2:9). Die onverdiende goedheid van God (genade) is iets wat in ons lewens gesien en herken word. Genade word ook soms "liefde in aksie" genoem. Omdat ons dit van God ontvang het en ons dit daagliks oordadig ontvang, verander dit ons, ons menswees en rig dit ons dade. Ongelukkig is genade nie altyd by Christene sigbaar nie. Die berader, David Seamond, het geskryf:

"Die twee hoof oorsake vir die meeste emosionele probleme onder die evangeliese Christene is die onvermoë om genade te verstaan, te ontvang en voluit vanuit dié onvoorwaardelike liefde en vergewing van God te lewe en om dié onvoorwaardelike liefde en vergewing ook aan ander deur te gee. Ons leer dit, ons hoor dit en ons glo in 'n teologie van genade. Maar ... dit is nie hoe ons lewe nie. Die goeie nuus van die Evangelie van genade dring nie deur tot die vlak van ons emosies nie."[2]

Dit is goed om uit die Bybel te leer hoe "Genade in werking" in ons lewe gestalte kry.

3.C.1 Genade bemagtig ons om veranderde, goddelike lewens te lei

Die liefdevolle goedheid (genade) van God wat verlossing bring, het inderdaad vir almal sigbaar geword. Dit voed ons op om die goddelose leefstyl en die wêreldse begeertes af te lê en gebalanseerd, met opregtheid en toewyding aan God, in die huidige tyd te leef. (Titus 2:11,12)

In hierdie tekste soos ook in Titus 3:3-8, lê Paulus 'n duidelike verband tussen die leer van genade en die lewens van Christene. God se genade vind uiting in veranderde lewens. Genade bring redding, maar dit eindig nie daar nie, want genade van God bekragtig 'n gelowige om 'n daaglikse geheiligde lewe te lei. Genade maak dit vir ons moontlik om:

---

[2] David A. Seamands, *Healing for Damaged Emotions*, (Scripture Press, Victory Books, USA, 1991), 32.

LEWE MET MOSLEMS   LES 2

- *nee te sê vir 'n goddelose lewenswyse en wêreldse begeertes;*
- en om 'n gedissiplineerde, opregte en God toegewyde lewe te lei en om te doen wat goed en voordelig is vir die mense (Titus 3:8).

'n Christen se gedrag is die effektiefste preek. Geloof bepaal ons gedrag. Genade gee ons nie 'n vrypas om te doen wat ons wil nie, maar gee vir ons die krag om te doen wat goed is – (*om God se liefdevolle goedheid sigbaar te maak in die wêreld*)

3.C.2 Genade weerhou ons daarvan om bitter te word en maak ons vry om te vergewe en los te laat

Doen julle bes om in vrede met almal te lewe en beywer julle om 'n toegewyde lewe te voer, want daarsonder sal julle nie eendag in die Here se teenwoordigheid kan kom nie. Wees baie versigtig dat niemand van julle uitsak en God se onverdiende goedheid (genade) verspeel nie. Moenie dat daar onder julle 'n giftige loot opskiet wat moeilikheid veroorsaak en baie aansteek ("besmet") nie. (Heb12:14-15)

Genade maak ons vry van 'n wettiese houding wat bitterheid veroorsaak en baie besmet. Wettisisme beklemtoon wat ons vir God moet doen en plaas dit voor wat Hy vir ons in Jesus gedoen het. Bitterheid veroorsaak harde en ongenadige uitsprake oor mense en dinge, veroorsaak 'n stuurse, liggeraakte en afwysende algemene houding, bring 'n frons op die gesig en maak dat die tong gif spoeg.

Ons het genade nodig in ons interpersoonlike verhoudings. Dit vind uitdrukking in geduld, vergewing, nederigheid en die vryheid om God toe te laat om in die ander persoon te werk. Dit maak jou daarvan vry om te probeer om die Heilige Gees in iemand anders se lewe te wees. Groei in genade (die liefdevolle goedheid van God) help ons om minder tyd en energie in kritiese en besorgde bekommernis oor ander mense se keuses te steek, en maak ons meer verdraagsaam en minder veroordelend.

Dié gedig van 'n onbekende digter in Swindoll se boek, *Grace Awakening,* verduidelik dat om 'n mens vol genade te word beteken om ander los te laat:

LES 2   **LEWE MET MOSLEMS**

OM LOS TE LAAT

Om iemand los te laat beteken nie dat ek die liefde prys gee nie,
maar beteken dat ek iemand anders se lewe nie wil beheers nie.

Om los te laat beteken dat ek nie alle bande afsny nie,
maar dat ek 'n ander nie oorheers nie.

Om los te laat beteken dat ek my eie onvermë erken;
die oplossing lê nie in my hande nie.

Om los te laat beteken dat ek iemand anders nie wil verander nie,
ek kan alleen myself verander.

Om los te laat is nie kritiek nie, maar omgee.

Om los te laat is om nie voor te skryf nie,
maar ondersteuning te gee.

Om los laat is om nie te veroordeel nie,
maar ander toe te laat om mens te wees.

Om los te laat is om ander se lewens nie te wil reël nie,
maar toe te laat dat ander self hulle lewens reël.

Om los te laat is om nie te oorbeskerm nie,
maar toe te laat dat ander die werklikheid ontdek.

Om los te laat is iemand nie ontken nie, maar iemand aanvaar.

Om los te laat is iemand nie verwyt nie,
maar jou eie tekortkominge te ontdek en te verbeter.

Om los te laat is om nie alles na my wense aan te pas nie,
maar aanvaarding van wat elke dag oor my pad kom.

Om los te laat is om ander nie te kritiseer en te wil verander nie,
maar om y eie droom na te jaag.

Om los te laat is om nie spyt te hê oor die verlede nie,
maar om te groei en te leef vir die toekoms.

Om los te laat is om minder bang wees en meer lief te hê.[3]

---

[3] Charles R. Swindoll, The Grace Awakening, (Milton Keynes, UK: Word Publishing, 1990), 146, 147.

LEWE MET MOSLEMS — LES 2

3.C.3 Genade hou ons nederig

God is téén mense wat te veel van hulleself dink, maar aan die wat besef hoe afhanklik hulle van Hom is, gee Hy sy onverdiende goedheid (genade). (Jak 4:6; 1 Pet 5:5; Spreuke 3:34)

Nederigheid is beide 'n voorwaarde en 'n resultaat (vrug/gevolg) van genade. God se genade help gelowiges om te begryp dat hulle uit eie krag nie met God kan wandel soos God verwag nie, want uiteindelik is dit 'n bonatuurlike wandel met God, 'n Heilige Gees geïnspireerde wandel, voortdurend en in totale afhanklikheid van Sy voldoende voorsieningheid.

3.C.4 Genade van God gee ons die krag om moeilike omstandighede te hanteer

Hy het egter vir my gesê: "My genade is genoeg vir jou, want my krag kom juis in swakheid tot volle verwesenliking." (2 Kor 12:9)

Paulus skryf dat hy opgeneem is in die derde hemel en dat hy 'n doring in die vlees gegee is om te voorkom dat hy homself verhoog. Paulus het drie keer by die Here gepleit om die doring te verwyder. In antwoord daarop het die Here gesê dat Sy genade voldoende is. As die genade van God genoeg is om ons te red, is dit verseker ook voldoende om ons te onderhou en ons te versterk in tye van lyding en swakheid. God laat toe dat ons swak word, sodat ons sy krag kan ontvang.

3.C.5 Genade beïnvloed die manier waarop ons praat

In julle verhouding met nie-Christene moet julle slim (wys) optree deur elke kans te benut. Met woorde wat altyd vriendelik en sinvol is, moet julle gereed staan om die regte antwoord vir elke mens te gee. (Kol 4:5-6)

[Engelse vertaling: *Be wise in the way you act toward outsiders; make the most of every opportunity. Let your conversation be always full of grace, seasoned with salt, so that you may know how to answer everyone. (Kol 4:5-6)*]

LES 2 LEWE MET MOSLEMS

Die woord *genade* beteken hier *aangenaam, hoflik, beleef sensitief, vriendelik, sagmoedig, gepas, liefdevol* en *bedagsaam*.

Ons liefdevolle woorde weerkaats die liefdevolle genade van God na die mense toe. Hy gebruik ons liefdevolheid om ander te bereik met Sy reddende genade.

Almal wat daar was, het goed van Hom gepraat en was verwonderd oor die aangename woorde van Sy mond. (Luk 4:22)

3.C.6 Genade stel ons in staat om onsself aan ander te gee

Liewe broers en susters, ons lig julle in oor die onverdiende goedheid (genade) van God wat die gemeente in Masedonië ontvang het (2 Kor 8:1). En God is in staat om aan julle elke gawe in oorvloed te gee sodat julle in elke opsig altyd van alles genoeg kan hê én ook nog oorvloedig kan wees in elke goeie werk (2 Kor 9:8).

In 2 Korintiërs hoofstuk 8 en 9 skryf Paulus oor 'n insameling onder die kerke vir die arm Christene in Jerusalem. Hierdie kerke het uit die heidene tot stand gekom het. In hierdie hoofstukke gebruik hy die woord genade (*charis*) tien keer. Hy gebruik dit as 'n sinoniem vir Christelike manier van "gee", wat 'n voortvloeisel is van die genade van God in en deur ons lewens heen. As ons opreg die genade van God vir ons as sondaars begryp en waardeer, sal ons uitdrukking wil gee aan daardie genade deur dit met ander te deel. Die genade van God maak ons harte en hande oop, want 'n geopende hart kan nie 'n geslote hand onderhou nie. Alhoewel die inhoud gaan om finansiële geskenke, kan ons dit toepas op alle vorms van gee (bv. tyd, energie, liefde, sorg, en empatie). Omdat God sy genade aan ons gee, kan ons op talle maniere vrygewig wees.

As ons die belangrikheid van genade in die Bybel en die lewens van Christene besef, is ons nie verras dat die vroëere kerke mekaar daaraan herinner het hoe belangrik dit is nie. Die groet "Genade en vrede met jou …" as aanhef of as seëngroet aan die einde was 'n algemene frase wat deur Paulus en Petrus in hulle briewe gebruik is (Gal 1:1; Ef 1:1-2; 2 Tim 1:1; 1 Petrus 1:2; 2 Petrus 1:2).

LEWE MET MOSLEMS LES 2

> **Bespreek:**
> In die gelykenis van die Verlore Seun (Lukas15:11-32) gee Jesus 'n pragtige illustrasie van die genade van God ("die vader" in die gelykenis) na sy kinders toe, en toon Hy hoe moeilik dit is om uit genade te leef en genade aan ander te skenk. Lees hierdie gelykenis en bespreek die volgende vrae:
> 1. Hoe betoon die vader genade aan sy (a) jongste seun (b) oudste seun?
> 2. Watter bewyse vind u in die gelykenis daarvoor dat beide die seuns dit moeilik vind om vanuit genade te leef?
> 3. Die oudste seun was nie bereid om genade te betoon aan sy broer nie. Begryp u dit en herken u dit ook in u eie lewe?

4 Ontwikkel 'n ingesteldheid van genade ten opsigte van Moslems

Genade is onlosmaaklik deel van wie God is en wat Hy doen. Daarom behoort dit ook 'n sleutelkaraktertrek te wees van alle Christene. Dit behoort ons verlange te wees om genade gestalte te gee in ons houding rakende Islam en Moslems. In plaas van vrees, agterdog, vooroordeel behoort ons reaksie op Islam en Moslems 'n reaksie vol genade te wees.

In sy boek *Grace for Muslims?* omskryf Steve Bell 'n genade reaksie soos volg:

Om vanuit genade te reageer hou in "... 'n bereidheid om die foutiewe denkpatroon, wat veroorsaak dat ons die vreemde in ander vrees, aan te pas; die ander persoon die voordeel van die twyfel te gee en bereid te wees om te ontdek waarom hulle anders handel."[4]

'n Houding van genade ten opsigte van Moslems sluit die volgende in:

---
[4] Steve Bell, *Grace for Muslim? The journey from fear to faith,* (Milton Keynes: Authentic Media, 2006), 1.

LES 2 LEWE MET MOSLEMS

4.1 Pas die Goue Reël toe

In die Bergrede moedig Jesus sy volgelinge aan:
Doen vir ander alles wat julle graag wil hê hulle vir julle sal doen. Dit is die kern van alles wat die wet en die profete van julle vra. (Mat 7:12)

In gehoorsaamheid aan hierdie Goue Reël ten opsigte van Islam en Moslems behoort ons die volgende toe te pas:

1) <u>Beoordeel Islam regverdig.</u>
As ons Islam evalueer, moet ons dieselfde kriteria van beoordeeling gebruik as wat ons wil dat ander vir ons gebruik. Ons mag nie die slegte in Islam vergelyk met die beste binne die Christendom nie.

2) <u>Wees bewus van Christene se foute uit die verlede.</u>
In die geskiedenis van die kerk vind ons baie dinge wat in die naam van die Christendom gedoen is wat heeltemal nie 'n weerspieëling is van die waarheid van die Bybel nie. Om bewus te wees hiervan, kan daartoe bydra dat ons genade betoon aan ander, want "mense wat in glashuise woon, kan nie met klippe gooi nie."

3) <u>Let op die bedoeling van die Moslem.</u>
As ons die kernverskille tussen Islam en die Christendom in oënskou neem, is dit goed om by elke verskilpunt die vraag te stel: Wat was Mohammed se oorpronklike bedoeling en hoe wou hy hierin leiding gee aan die Moslems? Baie Moslems toon byvoorbeeld aan dat Mohammed die posisie van die vrou wou verbeter in die wêreld van toe. As ons met Moslems in gesprek tree, aanvaar ons gewoon dat ons weet wat hulle bedoel, sonder om ooit aan hulle te vra waarom hulle doen wat hulle doen.

4) <u>Weerhou jouself van stereotipering.</u>
Stereotipering plaas mense in hokkies en oorvereenvoudig komplekse situasies tot die eenvoudige, sonder begrip vir die volledige beeld. Stereotipering verontmenslik die individu. Ons moet versigtig wees om nie aan alle Moslems eienskappe toe te skryf wat net van sekere Moslems waar is nie.

LEWE MET MOSLEMS   LES 2

4.2 Het jou Moslem-naaste lief soos jouself

Die volk Israel het riglyne ontvang vir hulle optrede teenoor hulle bure, die vreemdelinge in hulle omgewing en hulle vyande. Hulle het die opdrag gekry om hulle bure lief te hê soos hulle hulself lief het (Lev 19:18); hulle moes ook die vreemdelinge liefhê soos hulleself (Lev 19:34) en Jesus het sy volgelinge aangemoedig om hulle vyande lief te hê. (Mat 5:44) Christene is aangemoedig om God se liefde na die bure, vreemdelinge en vyande te reflekteer. Diet beteken onder andere: mense nie te onderdruk of mishandel nie (Eks 22:21; 23:9); goedgesind te wees teenoor hulle as hulle dit moeilik het (Eks 23:4-5), hulle te seën, nie wraak te neem nie en goed te doen aan hulle (Rom 12:14:21; Spreuke 25:21; 22).

4.3 Geen valse getuienis aflê ten opsigte van my (Moslem) bure nie

Een van die Tien Gebooie sê dat ons geen valse getuienis teen ander mag aflê nie (Eks 20:16). Om dit op die Islamgeloof toe te pas, beteken dit as ons oor Islam praat, behoort ons dit in waarheid te doen. Soms lei vrees mens om situasies erger voor te stel as wat dit werklik is. (Byvoorbeeld, in Numeri 13 oordryf die tien spioene hulle negatiewe waarnemings van Kanaän om die mense van Israel te verhinder om daarheen te gaan). Op die keper beskou is Islam wat die Moslems sê dat dit is. Ons moet versigtig wees om die Koran te interpreteer en verse uit verband te haal of om nie rekening te hou met die interpretasie van die Moslemgeleerdes nie. Ons moet bereid wees om na Moslems te luister en te leer om vanuit hulle oë na die wêreld te kyk.

4.4 'n Bereidheid om die positiewe aspekte van die Islam te herken

Abraham was onder die indruk dat die land tussen Kades en Sur 'n goddelose plek was (Gen 20:1-18). Hy moes ontdek dat daar mense buite die Israeliete is (bv. Abimelek, koning van Gerar) met opregte

LES 2 LEWE MET MOSLEMS

ontsag vir God, in staat om na God te luister en te reageer op 'n direkte kommunikasie van God.

Nog 'n genade-respons teenoor Moslems is 'n bereidwilligheid om erkenning te gee aan sommige van die positiewe aspekte van Islam, Mohammed, die Islamitiese beskawing, geskiedenis en kultuur. Ons behoort meer te leer omtrent die goeie karaktereienskappe van Moslems en Islam. Ons behoort van Moslems te leer ter wille van ons eie verhouding met God. Ons behoort te soek na tekens (eggo's) van God se genade binne Islam. Ons behoort insig te hê in die dinge wat van Islam 'n aantreklike en gematigde godsdiens maak in die oë van miljoene mense.

4.5 Vermoë om Moslems te sien as mense

Die genade van God stel ons in staat om Moslems te sien as mense met 'n besondere geloof en nie as verteenwoordigers van 'n religieuse stelsel nie. Dit is belangrik dat ons deur die "sluier" 'n moeder raak sien met die naam van Samira. Dat ons verder kyk as "Moslem", en Hassan, 'n hardwerkende vader, raaksien. Dat ons deur die etiket "Moslem-immigrant" kyk en 'n jong seun of meisie, Hoessein of Khadija sien, wat hoop op 'n beter toekoms; dat ons hulle vrees raaksien deur die woedende Moslem, Samir. Laat ons na 'n vriend soek in die Moslem-gemeenskap.

4.6 Herken sommige van die beloftes in die Bybel wat van toepassing is op Moslems

Baie Moslems sien hulleself as nasate van Abraham, deur Ismael. Alhoewel dit moeilik sal wees om dit te bewys ten opsigte van alle Moslems, is dit net billik om te erken dat dit wel van toepassing kan wees op sommige Moslems van Arabiese afkoms. In die lig hiervan is dit moontlik om in gedagte te hou dat God beloftes gemaak het aan die voorgeslagte van vandag se MoslemArabiere. 'n Voorbeeld is die belofte van God aan Ismael in Genesis 16 en die daaropvolgende hoofstukke. In Gen 17:20 beloof God, in antwoord op Abraham se

LEWE MET MOSLEMS   **LES 2**

gebed, om Ismael te seën. Die verkiesing van Isak (en Israel) het Ismael en sy afstammelinge nie outomaties buite God se geestelike en materiële sorg geplaas nie. In die bladsye van die Bybel ontdek ons dat God met genade en liefde met Hagar en Ismael omgaan. Dit is boonop heel waarskynlik dat die outeurs van Spreuke 30 en 31, Agur en Lemuel, afstammelinge van Ismael was.

Die Bybel bevat meerdere profetiese verwysings na Arabiese stamme, afstammelinge van Ismael.

*Sing vir die Here 'n nuwe lied. Besing sy lof tot aan die uithoeke van die aarde! Sing almal wat vaar op die see, en alles in die see, al die eilande en die wat daarop woon. Laat die woestyn en sy stede hulle stemme verhef. Laat die dorpies van **Kedar** bly wees. Laat die mense van **Sela** sing van die vreugde. Laat hulle hard roep vanaf die bergpieke. Laat hulle eer aan die Here bring ... (Jes 42:10-12)*

*Troppe kamele kom na jou toe, jong kamele uit **Midian en Efa**. Almal wat uit **Skeba** kom, bring goud en wierook en verkondig die lof van die Here. Die kleinvee van **Kedar** word vir jou gegee. Die ramme van **Nebajot** is tot jou beskikking. Hulle sal aanvaar wees vir offers op my altare. Ek sal my roemryke tempel verfraai. (Jes 60:6,7)*

Sien ook Psalm 72:10,15. Die wyse manne wat uit die ooste gekom het om die koning van die Jode te aanbid was na alle waarskynlikheid Arabiere.

God is aan die werk in die Moslemwêreld. Moslems kom tot geloof in Christus oral in die wêreld. God maak homself aan hulle bekend in drome en visioene. Die kerk groei in verskillende dele van die Moslemwêreld.

Die profeet Jesaja waarsku teen 'n land/stam van Etiopië (Kus), wat deur moderne kenners geïdentifiseer word as 'n Arabiese stam. Jesaja praat van die land wat deur riviere verdeel word, *"die lang mense met die gladde vel 'n (aggressiewe nasie met 'n vreemde spraak), wat wyd en syd gevrees word vir hulle aanvalle en verwoesting"* (Jes 18:2). Hy

LES 2 — LEWE MET MOSLEMS

sluit sy profesie af met die mooi belofte, dat hierdie selfde mense, wat so gevrees is, offers van lof sal bring vir die Here, die Almagtige.

Die tyd kom wanneer die Here die Almagtige geskenke sal kry van die land wat deur riviere verdeel word. Die lang mense met die gladde vel wat wyd en syd gevrees word vir hulle aanvalle van verwoesting, sal geskenke bring vir die Here die Almagtige in Jerusalem, die plek waar Hy woon. (Jes 18:7)

Opdrag

Maak onderstaande gebed deel van jou gebed in hierdie komende week.

Gebed van Franciscus van Assisi

Here, maak my 'n instrument van u vrede.
Waar daar haat is, laat my liefde bring.
Waar daar oortredings is, vergifnis,
waar daar twyfel is, geloof,
waar daar wanhoop is, hoop.
waar daar duisternis is, lig,
waar daar droefheid is, vreugde.

O, Heilige Meester, gee dat ek,
in plaas daarvan om vertroosting te soek, ander sal vertroos;
om begrip te soek, andere sal verstaan;
om liefde te soek, andere sal bemin.

Want dit is deur te gee, dat ek ontvang;
deur te vergewe, dat ek vergewe word.
En dit is deur te sterwe, dat ek die ewige lewe beërwe.

LEWE MET MOSLEMS — LES 3

LES 3:
LEER OM MOSLEMS TE VERSTAAN

Doel: Om kennis te maak met sekere sleutelbegrippe van geloof en die uitoefening daarvan binne die Islamgeloof.

1   Inleiding

Ons het ons houding en emosie ten opsigte van Islam en Moslems onder die loep geneem met die doel om met 'n houding van God se genade met Moslems op weg te gaan. Ons is nou beter in staat om akkurate inligting omtrent Islam en Moslems aan te hoor. In die voorafgaande lesse het ons gesien dat een aspek is om met 'n houding van genade deur die oë van die Moslems na Islam te kyk. Daarom is by die samestelling van hierdie les gebruik gemaak van Moslembronne.[5] Die inhoud is verder bespreek met 'n imam.

2   Jona in Islam[6]

In die vorige les het ons na Jona vanuit 'n Bybelse perspektief gekyk. In hierdie les wil ons ontdek wat Islam onderrig aangaande Jona. Volgens Islamtradisie is die graf van Jona (in Arabies "*nabi Yunus*" genoem) in die hedendaagse Mosul, 400 kilometer noord van Bagdad in Irak. In die sogenoemde Yunus-moskee kan jy die graf van Jona, versier met walvisbene, vind. [7]

A   A. Verwysing na Jona in die Qur'an

Die naam en/of die verhaal is terug te vind in die volgende verse in die Koran: Sura 4:163; Sura 10:98-100; Sura 21:87; Sura 37:138-148; Sura 68:48-50.

---

[5] E.g. *Islam: A brief Guide*, The Muslim Educational Trust, UK.

[6] Taken from: http://www.angelfire.com/on/ummiby1/jonah.html and http://etext.virginia.edu/journals/ssr/issues/volume3/number1/ssr03-01-e02.html

[7] The mosque was bombed and destroyed in July 2014 by IS Muslim extremists.

LES 3　　　　　　　　　　LEWE MET MOSLEMS　　

Sura 10 dra die naam van Jona; In Sura 21:87-90 word Jona die "Visman" genoem en in Sura 68:48-50 word hy "die man in die walvis" genoem.

So, wag met geduld op die opdrag van die Heer, en moenie wees soos die Metgesel van die Vis, toe hy angstig uitgeroep het nie. As die genade van sy Heer hom nie bereik het nie, sou hy werklik in onguns op die kale strand uitgegooi gewees het. Maar sy Heer het hom gevind en hom 'n Metgesel van die Regverdige gemaak. (Sura 68:48-50).

En, onthou Zun-nun, toe hy in woede vertrek: Hy het gedink dat Ons geen mag oor hom het nie! Maar Hy het uit die diepte van die donker uitgeroep: "Daar is geen god buiten u: glorie aan u: ek was inderdaad verkeerd!" So het Ons na hom geluister: en hom uit sy angs verlos: en so verlos Ons die wat geloof het. (Sura 21:87,88)

So ook was Jona tussen die wat (deur Ons) gestuur is. Toe hy weggehardloop het (soos 'n slaaf uit gevangenskap) na die (vol) skip. Hy (het ingestem) om die lot te werp, en hy was skuldig. Toe het die groot Vis hom ingesluk, en hy het dade gedoen wat straf verdien.

As dit nie was dat hy (berou getoon het) en Allah verheerlik het nie sou hy verseker in die Vis gebly het tot die Dag van die Opstanding. Maar Ons het hom uitgewerp op die strand in 'n siektetoestand. En Ons het 'n plant oor hom laat groei, 'n rankplant van goud. En Ons het hom na 'n honderdduisend (mense) of meer gestuur (op 'n sending) En hulle het geglo; daarom het ons hulle toegelaat om (hulle lewe) vir 'n kort tydjie te geniet. (Sura 37:138-148)

Waarom was daar nie een enkele dorp (tussen dié wie Ons gewaarsku het) wat geglo het nie – sodat hulle geloof hulle kon red – buiten die mense van Jona? Toe hulle geglo het, het Ons van hulle verwyder die oneer in die lewe van nou, en hulle toegelaat om (hulle lewe) vir 'n ruk te geniet; As dit die wil van die Heer was, sou hulle almal geglo het – almal wat op aarde is! Sal u dan die mensheid, teen hulle wil verplig om te glo! Geen siel kan glo, sonder dat dit wil van Allah is, en Hy sal twyfel (of obskuriteit) plaas op die wat nie wil begryp nie. (Sura 10:98-100)

LEWE MET MOSLEMS　　　　　　　　　　　　　　　LES 3

B Opsomming van Islam se leer aangaande Jona

Gebaseer op hierdie verse en ook vanuit die Islamitiese tradisies (*Hadit*: geskrifte wat sê wat Mohammed gesê en gedoen het), kan ons die Islamitiese leer omtrent Jona so opsom:

Jona was 'n profeet wat deur God na sy eie mense in die stad Nineve gestuur is. Die inwoners van Nineve was afgodedienaars wat onbeskaamd gelewe het. Jona is gestuur om hulle te leer om Allah te aanbid. Die mense het nie van sy inmenging in die wyse waarop hulle aanbid het, gehou nie en daarom het hulle hom teengegaan. "Ons en ons voorouers het hierdie gode vir baie jare aanbid en geen teenspoed het ons getref nie." Hoe hy ookal probeer het om hulle te oortuig van die dwaasheid van hulle afgodediens en van die goedheid van die wette van Allah, het hulle hom geïgnoreer. Hy het hulle gewaarsku dat as hulle volhou met hulle dwaasheid, Allah se straf hulle binnekort sal tref. In plaas daarvan om Allah te vrees, het hulle aan Jona gesê dat hulle nie bang was vir sy dreigemente nie. Jona was ontmoedig en het Nineve verlaat met die vrees dat Allah se straf gou sou volg. [8]

Hy het pas die stad verlaat of die hemel het van kleur begin verander en gelyk asof dit aan die brand was. Die mense was bevrees toe hulle dit sien. Hulle het die vernietiging van die mense onthou in die tyd van Noag. Hulle het almal op die berg vergader en by Allah gepleit om sy genade en vergifnis. Allah het afgesien van sy wraak en sy seëninge weer oor hulle uitgestort. Toe die dreigende storm opklaar, het hulle gebid dat Jona sal terugkeer om hulle te lei. Ondertussen het Jona aan boord gegaan van 'n klein skippie, in die geselskap van ander passasiers. Vir dae lank het die skip in kalm waters gevaar. Toe dit nag word, het die see skielik verander. 'n Verskriklike storm het losgebars asof dit die skip in twee wou skeur. Die bootsman het aan die manskappe gevra om die vrag ligter te maak; hulle het hulle bagasie

---

[8] Volgens Razi in sy kommentaar op die Koran, was dit op die dag *asjurah* (dag van vas) waarop die mense van Jona verander het. (In die Joodse sinagoge op die vaste dag op die 9de dag van die maand Av, Tisja Ba'av, gedurende die namiddag se gebed, word daar voorgelees uit die boek Jona.)

LES 3 LEWE MET MOSLEMS

oorboord gegooi, maar dit was nie genoeg nie. Hulle was verplig om die boot nog ligter te maak en het onder mekaar besluit om ten minste een persoon oorboord te gooi. Die kaptein het besluit: *"Ons sal die lot werp tussen die name van al die passasiers. Die een wie se naam getrek word, sal oorboord gegooi word."* Die lot het op Jona geval. Aangesien hulle hom geken het as die mees eerbare onder hulle, wou hulle hom nie in die woeste see gooi nie Daarom het hulle besluit om nog 'n keer te loot. Weer is die naam van Jona getrek; hulle het hom nog 'n kans gegee en vir die derde keer geloot. Ongelukkig vir Jona was dit weer sy naam wat getrek is. Die saak was afgehandel en hulle het besluit dat Jona homself in die water moes werp. 'n Walvis het Jona op 'n golf ontdek. Dit het Jona in sy stormagtige buik ingesluk en sy ivoor tande gesluit. Drie lae donkerte het hom omvou, een laag bo-oor die ander; die donkerte in die walvis se maag, die donkerte van die bodem van die see, die donkerte van die nag. Jona het tot Allah gebid. Allah het die opregte berou van Jona gesien en sy versoek in die maag van die walvis gehoor. Die walvis het Jona op 'n verlate eiland uitgespoeg. Sy liggaam was ontsteek as gevolg van die sure in die walvis se maag. Hy was siek en toe die son opkom, het die strale sy ontsteekte, koorsige liggaam gebrand sodat hy op die punt gestaan het om dit uit te gil van pyn. Maar hy het dit verduur en voortgegaan om by Allah te pleit. Allah het 'n rankplant laat groei en hom vergewe. Geleidelik het hy sy kragte herwin en sy weg terug gevind na sy tuisdorp, Nineve. Hy was aangenaam verras toe hy die verandering sien wat daar gebeur het. Die hele bevolking het hom tegemoet gekom. Hulle het gesê dat hulle almal teruggekeer het tot geloof in Allah. Saam het hulle 'n dankgebed gerig aan hulle Heer van Genade.

C *Jona in die lewe van Moslems van vandag*

Baie Moslems van vandag sien Jona as iemand met wie hulle kan identifiseer.

  a. 'n Moslemstudent het op die internet geskryf: As jy in die eksamen wil slaag, moet jy die gebed van Jona lees toe hy in die walvis was.

LEWE MET MOSLEMS   LES 3

b. As antwoord op 'n vraag van twee Moslemmeisies of dit toelaatbaar is dat hulle van die huis wegloop, het 'n kuber-imam geskryf dat om van die huis weg te loop ook 'n onderwerp is wat in die Koran aangetref word en hy verwys dan na Jona: *Die profeet Yunus het ook geprobeer om van sy "huis" weg te loop (die plek waar God hom geroep het om te wees). As straf het Allah Yunus deur 'n walvis laat insluk. Yunus het 40 dae in die maag van die walvis gebly. Allah het hom vergewe en Yunus het 'n tweede lewe gekry.*

c. In 'n preek van 'n imam word Jona voorgehou as 'n voorbeeld van iemand wat in die diepste donkerte bereid was om homself aan God te onderwerp (die betekenis van die woord "Islam").

Bespreek:
1. Wat vind u betekenisvol in die vergelyking van die Bybelse verhaal van Jona en soos dit in die Koran en die Islamitiese tradisies voorkom?
2. Hoe verklaar u die ooreenkomste en die verskille?

VERSKILLENDE FEITE OMTRENT ISLAM

1   Die ontstaan van Islam

Alhoewel Islam as onafhanklike godsdiens in 6 n.C. ontstaan het, sê die Moslems dat dit veel vroeër ontstaan het. In Sura 3:67 lees ons: *Abraham was nie 'n Jood en ook nie 'n Christen nie, maar hy was iemand oorgegee aan die waarheid, 'n Moslem [onderwerp aan Allah]. En hy was nie 'n politeïs nie.*

Die woord "Islam" beteken *onderwerping* en 'n Moslem is iemand wat homself aan God onderwerp. Abraham word gereken as die Vader van die profete en baie Moslems glo dat hulle afstammelinge van Abraham is deur sy seun Ismael. Ismael speel 'n belangrike rol in die Islamitiese tradisies.

LES 3   LEWE MET MOSLEMS

2   Die persoon van Mohammed

Mohammed is in 571 n.C. in Mecca (die teenswoordige Saoedi-Arabië) gebore. Sy vader is dood voor sy geboorte en sy moeder het gesterf toe hy ses jaar oud was. Toe Mohammed 25 jaar oud was, het hy met 'n weduwee, Khadija, getrou. Volgens Moslems het Mohammed op 40-jarige leeftyd openbaringe van God (Allah) ontvang. Hy was oortuig dat hy in die voetstappe volg van profete soos Moses, Dawid en Jesus en dat hy die laaste profeet was wat, soos hulle, geroep is om mense op te roep om die een en enige en waaragtige God te aanbid. Die mense van Mekka het baie gode aanbid. Mohammed het hulle uitgenooi om aan te sluit by Islam (= onderwerping aan God). Verskeie mense het by hom aangesluit en Moslem geword, terwyl ander hom verwerp het. Geleidelik het die aantal volgelinge vermeerder. Aanvanklik het Mohammed en sy volgelinge baie teenstand ondervind van die bewoners van Mekka. Na 12 jaar het Mohammed en sy volgelinge na die stad Yatrib verhuis (later Medina, stad van die profeet genoem). Hierdie verhuising was van groot en invloedryke betekenis, soos blyk uit die feit dat hierdie verhuising die begin is van die Islamitiese jaartelling. Yatrhib het Mohammed en sy volgelinge gasvry ontvang en kort daarna het Mohammed nie net die spirituele leier geword nie, maar ook die politieke leier van die stad. Hy was die stigter van die eerste Moslem staat; In die daaropvolgende jare het die volgelinge aansienlik in getalle toegeneem. Mohammed wie in die Koran beskryf word as 'n "seën vir die nasies" (21:107) en 'n "goeie voorbeeld om na te leef" (33:21) het in 632 n.C. op die ouderdom van 63 gesterf. Na sy dood is die openbaringe wat hy ontvang het in 'n boek, die Koran, byeengebring. Ook sy spreuke en voorbeelde is opgeneem in 'n reeks boeke, die *Sunnah*, genoem.

3   Die verspreiding van die Islamgeloof

Toe Mohammed in 632 n.C. sterf, het die meeste Moslems in Saoedi-Arabië gewoon, maar in die daaropvolgende jare het dit noordwaarts (Sirië en Jordanië) ooswaarts (Iran en Irak) en weswaarts (Egipte en

LEWE MET MOSLEMS **LES 3**

Algerië)versprei. Teen 750 n.C. het die hele Noord-Afrika en selfs Spanje 'n Islamitiese regering gehad. Teen 1500 het groot gebiede in Afrika en Asië die Islamitiese geloof aangeneem en ook Indonesië was deel van die Islamitiese wêreld. Die Islamitiese Ottomaanse Ryk het in die 14de eeu in Turkye ontstaan. Hierdie ryk het vir eeue 'n groot invloed uitgeoefen in die Midde-Ooste en Sentraal-Europa, en het tot 'n groot mate bygedra tot die vestiging van die Islam in Sentraal- en Oos-Europa, byvoorbeeld in Albanie en Bosnië.

Op die oomblik is Islam die sterkste godsdiens in 40 lande in die wêreld. Die Arabiere vorm 20% van alle Moslems. Ons vind baie Moslems in Indonesië (196 miljoen), Pakistan (166 miljoen) Bangladesj (150 miljoen), Indië (150 miljoen), Nigerië (70 miljoen), Turkye (70 miljoen) en Iran (68 miljoen). In Europa (insluitende Rusland) is daar ongeveer 50 miljoen Moslems.

4 Wat Moslems glo

Die Islamgeloof erken drie belangrike leerstellings:
- a) Tawhid (= die eenheid van Allah/God)
- b) Risalah (= profeetskap)
- c) Akhirah (= lewe na die dood)

a Tawhid

Tawhid (= die eenheid van God) is die mees belangrike Islamitiese waarheid. Moslems glo dat alles wat bestaan, vanuit die een en enigste Skepper ontstaan het, wat die onderhouer is en die enigste Bron van Leiding. Dié geloof omvat alle terreine van die lewe. Erkenning van die fundamentele waarheid het 'n geïntegreerde lewensbeskouing tot gevolg, wat verdeeldheid tussen religie en sekulêr verwerp. God (Allah) is die enigste bron van mag en outoriteit, en moet aanbid en gehoorsaam word. Hy het geen maat nie en ook geen seun of dogter nie. *Tawhid* is suiwer monoteïsme. Allah is nie gebore nie en hy het geen seun of dogter nie. Mense is sy onderdane. Hy is die Een, Hy is Ewig, Hy is die Eerste en die Laaste; en daar is niemand soos Hy nie. Geloof in die

LES 3 **LEWE MET MOSLEMS**

Tawhid bring 'n totale verandering in die lewe van 'n Moslem. Dit maak dat hy alleen voor Allah, wat al sy dade sien, neerbuig. Hy moet hom inspan om die wette van Allah in alle fasette van sy lewe toe te pas om die guns van Allah te verkry.

b   Risalah

Risalah beteken profeetskap (= boodskapper). Moslems glo dat God (Allah) die mens nie sonder 'n Gids vir sy gedrag gelaat het nie. Sedert die skepping van die eerste mens, het Allah sy Leiding aan die mense deur sy profete geopenbaar. Profete wat boeke van Allah ontvang het word "boodskappers" genoem. Al die profete en boodskappers het met dieselfde boodskap gekom: hulle het die mense van hulle tyd aangespoor om niemand anders as God te gehoorsaam en te aanbid nie. Wanneer 'n boodskap van 'n profeet deur die mense verdraai is, stuur God 'n ander profeet om hulle terug te bring op die regte pad. Die ketting van Risalah (= profeetskap) begin by Adam, sluit Noag, Abraham, Isak, Lot, Jakob, Josef, Moses, Dawid en Jesus in en eindig met Mohammed. Mohammed is die laaste boodskapper van Allah aan die mensheid. Die geopenbaarde boeke van Allah is: die *Torah* (*Tawrat*), die Psalms (*Zabur*), die Evangelie (*Injil*) en die Koran. Die Koran wat aan die profeet Mohammed openbaar is, word as die laaste boek van Gods leiding beskou.

c   Akirah

Akirah beteken lewe na die dood. Geloof in *"Akirah"* het 'n geweldige invloed op die lewe van 'n Moslem. Moslems glo dat elke mens aan God rekenskap sal gee. Op die Dag van Oordeel word elke mens op grond van sy dade beoordeel.
'n Persoon wat Allah gehoorsaam en aanbid het, sal beloon word met 'n plek van geluk in die Paradys; die persoon wat nie geglo het nie sal na die Hel, 'n plek van straf en lyding gaan. Allah ken elke gedagte en motief; engele hou boek van al mense se dade. Moslems word aangespoor om altyd in gedagte hou dat hulle volgens hulle dade geoordeel sal word om sodoende soveel moontlik volgens die wil van

LEWE MET MOSLEMS   LES 3

God te lewe. Moslems glo dat baie van vandag se probleme sal verdwyn as ons hiervan bewus is en dienooreenkomstig lewe.

5 Basiese religieuse pligte van Islam

Islam gee erkenning aan vyf basiese pligte, dikwels die "Pilare van die Islam" genoem:

a) *Shahadah* (= geloofsbelydenis)
b) *Salah* (= rituele gebed)
c) Zakah (= aalmoese)
d) *Sawn* (= vas)
e) H*ajj* (= bedevaart)

Moslems glo dat as hierdie pligte gereeld, korrek en opreg uitgevoer word dit 'n Moslem se lewe transformeer en in lyn bring met die verlangens van die Skepper. Getroue navolging van hierdie pligte behoort 'n Moslem te inspireer om geregtigheid, gelykheid en regverdigheid in die gemeenskap te vestig en onreg, valsheid en boosheid uit te wis.

a *Shahadah* (= geloofsbelydenis)

Shahadah is die bewuste en vrywillige belydenis van: *La ilah illallahu Muhammadur rasulullah* (Daar is geen God buiten Allah nie, Mohammed is die boodskapper van Allah). Hierdie geloofsbelydenis bevat die twee basiese begrippe van die Tawhid en Risalah. Dit is die basis van alle dade in Islam. Die ander twee basiese pligte volg op hierdie geloofsbelydenis.

b Salah (= rituele gebed)

Salah word vyf keer per dag uitgevoer, in die gemeente of individueel. Dit is 'n praktiese demonstrasie van geloof, en hou 'n Moslem konstant bewus van sy Skepper. Volgens Moslems is die loon van *Salah* verreikend, ewigdurend en onmeetbaar. *Salah* spoor 'n Moslem aan om hom in te span vir ware orde in die samelewing, die uitwissing van valsheid, boosheid en onbehoorlike gedrag. Dit ontwikkel selfdisipline,

LES 3 — LEWE MET MOSLEMS

standvastigheid en gehoorsaamheid aan die Waarheid. Dit lei tot geduld, eerlikheid en opregtheid in die daaglikse lewe.

Die vyf daaglikse gebedsmomente is: *Fajr* tussen skemer en sonsopkoms; *Zuhr* tussen middag en namiddag; *Asr* tussen die middag en sonsondergang; *Maghrib* net na sonsondergang; *Isha* tussen laat aand voor middernag. Moslems glo dat *Salah* vyf keer per dag 'n wonderlike geleentheid is om mens se lewe te verbeter. Dit is 'n sisteem van spirituele, morele en fisiese inspanning wat 'n Moslem waarlik gehoorsaam maak aan sy Skepper.

c   *Zakah* (= aalmoese)

Zakah is 'n jaarlikse verpligte offer uit 'n Moslem se jaarlikse inkomste. Dit is letterlik 'n wyse van reiniging, en is 'n jaarlikse offer van 2,5% van die waarde van kontant, juwele en edelmetale. 'n Aparte presentasie word toegepas op lewendehawe, oeste en minerale rykdom. *Zakah* is nie liefdadigheid nie en ook nie belasting nie. Liefdadigheid is nie verplig nie, terwyl belasting gebruik kan word vir enige van die sosiale node. *Zakah*, daarenteen, kan alleenlik gebruik word om behoeftiges en armes, gestremdes, onderdruktes en skuldenaars en ander welsynsnode, soos in die Koran en *Sunnah* omskryf, tegemoet te kom.

Zakah word gesien as 'n daad van aanbidding. Dit word beskou as een van die fundamentele beginsels van 'n Islamitiese ekonomie, wat 'n regverdige maatskappy verseker, waarbinne almal 'n reg het om by te dra en te deel. *Zakah* moet betaal word vanuit die bewuste geloof dat ons rykdom en eiendom aan Allah behoort, en dat ons net rentmeesters is.

d   Sawn (= verpligte vas)

Sawm is die jaarlikse verpligte vas gedurende die maand Ramadan, die negende maand in die Islamitiese kalender. Elke dag vanaf sonsopkoms tot en met sonsondergang weerhou 'n Moslem hom van voedsel, drank, rook en seksuele gemeenskap, en soek hy die guns van Allah. Een van die Islamitiese organisasies omskryf *Sawm* as 'n jaar-

LEWE MET MOSLEMS LES 3

likse opleidingprogram om 'n Moslem te help in sy vasberadenheid om sy verpligtinge teenoor die Skepper en Onderhouer na te kom.

e   *Haij* (= pelgrimstog na die Huis van Allah)

Haij is 'n jaarlikse gebeurtenis. Dit is vir 'n Moslem verplig om dit op sy minste een keer in sy leeftyd te doen as hy daartoe in staat is. Dit is 'n reis na die Ka'aba in Mekka, Saoedi-Arabië, in die maand *Dhul Hijah*, die twaalfde maand van die Islamitiese kalender. Vir Moslems simboliseer *Haij* die eenheid van die mensheid. Moslems van alle rasse en nasionaliteite, geklee in rituele kleredrag, kom bymekaar in gelykheid en nederigheid om God (Allah) te aanbid. Volgens Moslems het die pelgrimstog en die rituele kleredrag van *Ihram*, die unieke gevoel van in die teenwoordigheid van die Skepper, aan wie hy behoort en na wie toe hy terugkeer na die dood, te wees.

6   Gesaghebbende bronne van Islam

Die twee belangrikste bronne van gesag waarop die leer en die lewe van Moslems gebaseer is die a) Koran; b) *Sunnah*, terwyl ook die verskillende regskole 'n invloed het op die leer en lewe.

a   **Die Koran**

Die Koran is die heilige boek van die Moslems. Hulle glo dat dit die laaste boek van onderrig is van God (Allah), wat deur die engel Gabriel (Jibra'il) aan hom gegee is. Volgens Moslems is elke woord van die Koran die Woord van Allah en is geopenbaar oor 'n periode van 23 jaar, bevat dit 114 hoofstukke (*Surahs*) en meer as 6 000 verse. Moslems leer om dit voor te dra in Arabies en baie leer dit heeltemal uit hulle kop. Daar word van Moslems verwag om hulle bes te probeer om die Koran te begryp en wat dit leer toe te pas. Moslems glo dat daar geen ander boek soos die Koran is wat betref die skryfwyse en die bewaring nie. Die inhoud dek alle aspekte van die lewe en die lewe na die dood. Dit bevat beginsels, leerstellings en rigtingwysers vir alle terreine van die menslike lewe. Die oorkoepelende tema van die Koran bevat drie fundamentele gedagtes: *Tawhd, Risalah* en *Akhirah*.

LES 3 **LEWE MET MOSLEMS**

Volgens Moslems, hang die sukses van alle mense op die aarde en in die hiernamaals af van die geloof in en gehoorsaamheid aan die onderrig van die Koran.

b Die Sunnah

Die *Sunnah* handel oor die voorbeeld van Mohammed wat nagevolg moet word. Dit is saamgevat in die *Ahadith* (enkv. *Hadith*), 'n versameling van sy spreuke en dade en dade wat deur hom goedgekeur is. Dit toon aan hoe om die onderrig van die Koran in praktyk te bring. Volgens Moslems is die *Ahadith* baie versigtig neergeskryf na die dood van Mohammed. Ses spesifieke versamelings word erken en word gesien as die mees betroubare: *Bukhari, Muslim, Tirmidhi, Abu Dawud, Nasai* en *Ibn Majah*. In die *Ahabith* vind mens onderwerpe soos die tye van gebed, voorskrifte vir die Islamitiese gebed, rituele by feeste, hoe om 'n besigheid te bedryf op Islamitiese wyse, aangeleenthede wat betref erfporsies en testamente, 'n eed en beloftes, omgaan met afvalliges, en so meer.

c Wetskole

Die Soenni-Islam erken vier wetskole.

Die skole is na hulle stigters vernoem: 1. die *Hanifi*-skool (hoofsaaklik in Turkye, die Balkanstreek, Sentraal-Asië, Indië, Pakistan, Bangladesj; 2. die *Malikis*-kool (hoofsaaklik in NoordAfrika; 3. die *Shafi'i*-skool (hoofsaaklik in Jemen, Egipte, Sirië, Suidoos-Asië en Oos-Afrika; 4. die *Hanbali*-skool (hoofsaaklik in Saoedi-Arabië). Die skole verskil van mekaar wat betref die waarde wat hulle toeken aan die (a) voorskrifte in die Koran; (b) *Sunnah*; (c) konsensus van die wetgeleerde; (d) ooreenkomste met situasies in die tyd van Mohammed; en (e) gesonde verstand.

7 Verskeie groepe binne die Islam

Wêreldwyd word geskat dat ongeveer 1,5 miljard mense Moslems is. Verskillende strominge kan geïdentifiseer word.

LEWE MET MOSLEMS **LES 3**

Die belangrikste stroming is die Soenniete en die Sjiïete. Ongeveer 80% van alle Moslems is Soenniete. Die tweede grootste groep (ongeveer 15%), die sogenoemde Sjiïete, word veral in Iran en Irak, maar ook in baie ander lande aangetref. 'n Belangrike onderskeid is dat die Sjiïete Ali, skoonseun van Mohammed en sekere van sy afstammelinge, bekend as *imams*, beskou as die wettige erfgename van die politieke en religieuse leierskap van Moslems. Hulle glo in die onfeilbare *imam*, 'n inkarnasie van die godheid, wie bonatuurlike kennis het. Hulle verwag die wederkoms van die 12de *imam* (staan bekend as Mehdi), wat in 869 v.C. verdwyn het, en sal terugkom om die wêreldheerskappy van Islam te vestig.

Naas hierdie twee hoofstrominge binne die Islam is daar nog talle verskillende kleinere groepe. Hier volg slegs die belangrikste groepe.

A Kharidjiete

Die Kharidjiete het in 658 n.C. afgeskei van die Sjiïete. Hulle het geweier om afstand te doen van die radikale puriteinse vorm van die Islam. Die enigste "lewende" groep van die Kharidjiete is die sogenaamde Ibadi-Moslems in Oman, Algerië, Tunisië, Libië en Zanzibar.

B Ahmadiyya-gemeenskap

Die Ahmadiyya-gemeenskap het in Pakistan ontstaan. Die hoofkantoor is in Engeland. In Durban hebben ze een "Islamic propagation center" en de overlede Ahmed Deedat was hen leider in Zuid Afrika en had in vele debatten opgetreden tegen Christen leiders. Hierdie beweging is in die 19e eeu deur Mirza Ghulam Ahmad Qadiami gestig. Hy het beweer dat hy goddelike openbaringe ontvang het en ook dat hy die beloofde Messias was. Sy volgelinge glo nie dat Mohammed die laaste profeet was nie en glo ook nie dat Jesus gesterf het en in Srinagar, Kasjmir begrawe is nie. Hulle beweer dat daar wêreldwyd tien miljoen aanhangers van hierdie stroming is.

C Die Ba'hai

Die Ba'hai het in 1844 in die huidige Iran ontstaan toe Ali Mohammed homself as "die Poort" (*Bab*) aangekondig het. Die Ba'hai glo in die eenheid van God en die mensheid, gelykheid van man en vrou, harmonie tussen religie en wetenskap en onafhanklike soeke na die waarheid. Hulle glo nie dat Mohammed die laaste en grootste profeet was nie, maar dat hy een van baie was. Hulle erken die Koran nie as die laaste openbaring nie, maar as gelykwaardig aan ander boeke, waaronder die geskrifte van Ba'hai. Die aantal aanhangers wêreldwyd word geskat op 7 miljoen mense. Ba'hai word as afvallige Moslems beskou en in sommige Islamitiese lande vervolg.

D Die *Salafi*-beweging

Hierdie beweging verwys na die "eersame voorvaders" – die eerste drie geslagte Moslems na Mohammed se dood. Die beweging het tot stand gekom deur Mohammad ibn Abd al-Wahhad (1703-1787) in Saoedi-Arabië en word daarom ook die *Wahhabisme* genoem. Die *Salafi*-beweging het 'n puriteinse tradisie. Hulle interpreteer die Koran letterlik en verwerp alles wat nie gebaseer is op die oorspronklike bronne van die Islam nie. Die *Salafi*-beweging het groot invloed in Saoedi-Arabië en probeer met geld en die invloed van Saoedi-Arabië ook toegang tot ander wêrelddele te verkry.

E Soefisme

Soefisme is 'n mistieke stroming in die Islam, wat vanuit die vroëere Islam ontstaan het. Die aanhangers word Soefi's genoem. Soefi kom vermoedelik van die Arabiese woord *soef* wat wol beteken. Die eerste Soefi's het wolklere gedra, soos die eenvoudige kleredrag van die vroëere Moslem-askete. Dit kan ook verwys na die "*safa*" (reinheid), wat verklaar waarom die soefisme suiwerheid van hart en siel benadruk. Hoewel hulle in die Koran en die *Sunna* glo, lê die Soefi's groter klem op die innerlike lewe en op die bereiking van die nabyheid van God as op die uiterlike gehoorsaamheid aan die religieuse pligte.

LEWE MET MOSLEMS   LES 3

Volgens die Soefisme is die basis van godsdiens liefde vir God. Ons moet God lief hê vir Wie Hy is, nie vanweë 'n beloning of uit angs vir straf nie. God word aangespreek as die Ewige Geliefde.

Baie Soefi's soek persoonlike kontak met die goddelike deur middel van dans en musiek en die voordrag van Koran-verse en gedigte, waardeur hulle in ekstase raak. Wêreldwyd is daar miljoene Soefi's sowel onder die Soenniete as onder die Sjiiete.

F   Volks-Islam

Alhoewel Volksislam geen egte "stroming" is nie, kan ons dit nie weglaat nie. In die daaglikse lewe van baie Moslems gaan ortodokse opvattinge, soos eerder genoem, hand aan hand met gebruike waarvan die oorsprong waarskynlik terug te vind is in voor-Islamitiese praktyke. Voorbeelde hiervan is rituele rondom geboorte, puberteit, huwelik en begrafnisse om maar enkele te noem. Gebruike wat te make het met beskerming teen ongelukke waarby baie Moslems verwys na die "bose oog". As 'n vrou onvrugbaar is roep sommige die hulp in van oorlede Islamitiese heiliges. Drome, voorspellinge, die uitspreek van seëninge en vervloekinge, speel 'n belangrike rol in die lewens van baie tradisionele Moslems.

8   Islamitiese kultuur en gewoontes

Om goed met Moslems om te gaan is dit belangrik om iets van die Islamitiese kultuur en gewoontes te ken. Vanselfsprekend is dit onmoontlik om die gewoontes en kultuur van alle Moslems weer te gee. Onderling is daar groot verskille en dit is belangrik om in 'n persoonlike gesprek met 'n Moslem meer te leer oor hulle eie kulturele agtergrond en gewoontes. Hier wil ons volstaan met enkele sake wat vir die meeste Moslems geld.

A   Die Islamitiese jaar

Die Islamitiese jaartelling het in 622 n.C. begin. Dit bestaan uit 12 mane (maande) en die kalenderjaar is daarom 11 dae korter as die

LES 3 LEWE MET MOSLEMS

Westerse kalenderjaar. Die presiese datum waarop byvoorbeeld die maand Ramadan (vasmaand) begin, kan dikwels pas op die laaste oomblik vasgestel word, omdat dit te make het met die sigbaarheid van die maan.

B Islamitiese feeste

Moslems beweer dat hulle feeste onderhou ter wille van God (Allah) se plesier, en nie ter wille van hulle eie plesier nie. Die feeste word gekenmerk deur vreugde en geluk. Binne die Islam word twee belangrike feeste, naamlik die (a) suikerfees (=*idul Feite*) en (b) die Offerfees (=*idul Adha*) erken. Die Suikerfees vind op die eerste dag na die vasmaand Ramadan plaas. Op hierdie dag gaan baie Moslems na die moskee, besoek familie en vriende, berei spesiale maaltye en klee hulleself feestelik. Die Offerfees (ook slagfees) genoem vind plaas op die 10de tot die 13de dag van die twaalfde maand. Tydens hierdie fees word Abraham se bereidheid om sy eie seun (Moslems glo dat dit Ismael was) aan Allah te offer, herdenk. Allah was bly en het 'n ram voorsien, wat Abraham in die plek van sy seun kon slag. Tydens die offerfees kom Moslems saam om te bid en word skape, bokke, koeie of kamele geslag. Die vleis word geëet en gedeel met familielede, vriende, bure en armes.

Ander feeste sluit in die *Hijrah* (migrasie van die Profeet), *Lailatul Miraj* (nag van die hemelvaart) en die Islamitiese oorloë. Daar is 'n spesiale nag, *Lailatul Qadr* (Nag van Mag), op 'n onewe datum gedurende die laaste tien dae van Ramadan. Volgens die Koran is dit "beter as 'n duisende maande". Moslems bring die nag deur met gebed en die voordra van die Koran.

C Dieet

Moslems word in die Koran aangemoedig om dit te eet wat goed en gesond is vir hulle, en word verbied om sekere voedsel te eet. 'n Moslem word nie toegelaat om (a)varkvleis; (b) diere wat nie in die naam van Allah geslag is nie; (c) bloed van diere; en (d) roofdiere, te

LEWE MET MOSLEMS LES 3

eet nie. Vis en groente word toegelaat. Volgens die Islamitiese wet moet diere op 'n menslike wyse geslag word deur met 'n skerp mes die keel af te sny, waarna daar baie bloed vloei. Tydens die slagproses moet die naam van God uitgeroep word. Dit is vir 'n Moslem verbode om alkohol te gebruik.

D   Kleredrag

Moslems word aangemoedig om fatsoenlike kleredrag te dra. Geen spesifieke kleredrag word aanbeveel nie. Voorskrifte sluit in: Mans moet van die naeltjie tot die knieë bedek wees. Vroue moet hulle hele liggaam, uitgesonder die gesig en hande bedek. Volgens sommige Islamitiese geleerdes moet vroue na puberteit ook hulle gesig bedek wanneer hulle na buite gaan. Mans en vroue moenie klere aantrek wat seksuele gevoel opwek nie. Mans mag geen vroueklere dra nie, nie suiwer goud nie en ook nie suiwer systof nie. Simboliese kleredrag van ander gelowe mag nie gedra word nie. Eenvoud en beskeidenheid word aangemoedig. Die snit van die klere hang af van die plaaslike gewoontes en klimaat.

E   Huwelik

Die huwelik is vir Moslems heilig. Seks voor die huwelik word afgekeur. In baie lande speel ouers nog 'n belangrike rol by die keuse van 'n huweliksmaat. Hoewel die Koran poligamie toestaan, word dit in veel Islamitiese lande deur die wet verbied.

> **Gespreksvrae:**
> 1. Is daar dinge wat Christene van Moslems kan leer? Watter?
> 2. Watter ooreenkomste is daar tussen Moslems en Christene?

9   Die belangrikste probleme wat Moslems met Christene het

Moslems vind baie dinge binne die Christelike geloof moeilik om te begryp of te aanvaar.

LES 3 LEWE MET MOSLEMS

a Ons geloof

Die Drie-eenheid: Moslems begryp nie die geloof in die Drie-eenheid nie. Hulle is oortuig dat Christene drie gode aanbid. Soos eerder gesien beklemtoon Moslems die aanbidding van één God en elke oortreding daarvan word as 'n uiters ernstige sonde beskou.

Jesus: Hoewel die meeste Moslems baie respek het vir Jesus en Hom erken as 'n belangrike profeet begryp hulle nie hoe Christene van Jesus kan praat as "die Seun van God" nie. Moslems dink dat Christene glo dat God, die Vader seksuele omgang gehad het met Maria en dat Jesus uit hierdie daad gebore is. Hierdie gedagte is vir Moslems verwerplik.

Omdat God almagtig is en Jesus een van sy gestuurde profete is, kan Moslems ook nie begryp dat God toegelaat het dat Christus op so 'n mensonterende manier gekruisig is nie. Die Koran vertel dat God, kort voordat Jesus gekruisig sou word, Hom in die hemel opgeneem het en iemand anders in die gedaante van Jesus gekruisig is.

Moslems begryp ook nie hoe Christene in die onfeilbaarheid van die Bybel kan glo, maar terselfdertyd allerlei Bybelvertalings gebruik nie en moeite het om 'n goeie verklaring te gee oor die teenstrydighede in die Bybel.

b Ons geskiedenis

In die Middeleeue het Christelike leiers uit Europa na Israel getrek om die "heilige" land te reinig van nie-Christelike invloede. Duisende mense, onder wie baie Moslems, het gesterf. Moslems sien hierdie kruistogte as 'n vorm van Christelike *djihad* (heilige oorlog). Vanaf in die 17de tot en met die 20ste eeu was verskeie Christenlande (bv. Spanje, Portugal, Engeland, Frankryk en Nederland) koloniale magte. Hulle het hulle wil afgedwing op verskeie lande van die wêreld en het geweld, leuens en bedrog nie uit die weg gegaan nie.

Moslems begryp ook nie dat Christene onvoorwaardelik steun gee aan Israel wat ook soms geweld gebruik om haar doel te bereik nie.

LEWE MET MOSLEMS   **LES 3**

Baie Moslems is van mening dat die Weste (wat vir baie Moslems sinoniem is vir Christendom) hulle skuldig maak aan 'n houding van kulturele, politieke en ekonomiese meerderwaardigheid en onvoldoende begrip het vir die rykdomme en kennis van ander lande en kulture.

c   **Ons moraliteit**

In die oë van Moslems tree die Westerse wêreld op as polisieman en word daar gepoog om ander lande na hulle pype te laat dans. Hulle is egter blind vir die morele aftakeling van die Westerse samelewing soos blyk uit die aanvaarding van homoseksualiteit, die wettiging van dwelmgebruik en prostitusie, die aborsie- en genadedood praktyke, gesinsgeweld, die hoe egskeidings presentasies en die verspreiding van immoraliteit deur middel van films en toerisme.

> **Gespreksvrae:**
> 1. Wat is u eerste reaksie op die siening van die Moslems op die Christelike geloof?
> 2. Hoe kan ons hierop reageer/antwoord?

LES 4 | LEWE MET MOSLEMS

LES 4:
MOSKEE-BESOEK

Voorbereiding van die besoek aan die Moskee.

Ons het nagedink oor ons houding ten opsigte van die Islamgeloof en Moslems. Ons het kennis geneem van enkele belangrike geloofsopvattings en -praktyke van Moslems. Ons kan nou 'n sinvolle gesprek met Moslems aangaan. Met 'n houding van genade is dit vir ons moontlik om deur die oë van 'n Moslem na die Islam te kyk en om nie 'n karikatuur van die Moslem te maak nie. Die beste manier om te weet wat Moslems glo, dink en doen is om regstreeks met hulle te praat. Ervaring het geleer dat Moslems van harte bereid is om met Christene 'n gesprek aan te knoop wat betref hulle geloof en om ook te luister na wat Christene glo. As onderdeel van die kursus gaan ons 'n besoek bring aan 'n moskee en in gesprek tree met die Moslems daar.

Tydens die besoek is die volgende belangrik:

1. Dra gepaste klere (d.w.s. geen kort broeke of rokke, geen ontblote skouers nie). Dit kan wees dat die vroue gevra word om hulle hoof te bedek. Neem 'n serp mee.
2. U sal gevra word om u skoene uit te trek voordat u die gebedsruimte binnegaan. As u mag sit (op die mat) maak seker dat u voetsole nie gesien kan word nie. Dit is 'n geweldige belediging om die onderkant van jou voet na iemand te draai. Jy draai ook nie jou skoensool na iemand nie.
3. Berei u vrae voor.
4. Bly hoflik en toon respek selfs as u dinge sien en hoor waarmee u volstrek nie saamstem nie of as dit voorkom of hulle u tot die Islam wil bekeer. Dit is baie moontlik dat u gashere en -vroue die werklikheid (te) rooskleurig voorstel,

LEWE MET MOSLEMS   **LES 4**

maar dink daaraan dat u dit ook sou doen, wanneer 'n groepie Moslems u kerk besoek.

5. Wanner u uitgevra word oor die Christelike geloof, probeer dan in u antwoord so persoonlik moontlik te wees, byvoorbeeld, in plaas van: "Binne die Christelike geloof is gebed baie belangrik," vertel hoe u elke dag u behoeftes, probleme en dankbaarheid in gebed by God bring.

6. Die doel van die besoek is nie om u gashere en -vroue te bekeer nie, maar om van hulle te leer. Maar, wanneer u die geleentheid het om met respek iets te vertel oor u geloof in die Here Jesus, moet u seker die geleentheid aangryp.

Om die besoek en gesprek voor te berei, is die volgende stappe belangrik:

1. Stel 'n lys op van die moskee en/of Islamitiese verenigings in of naby u woonplek.

2. Laat iemand van die kursus, indien moontlik, telefonies kontak maak met één of meer van die organisasies en 'n afspraak maak vir 'n besoek.

3. Wanneer die afspraak gemaak word, is die volgende nodig:

   a. Sê wie die groep is en waarom hulle 'n besoek wil bring.

   b. Sê dat dit om 'n informatiewe besoek gaan, dit wil sê, dat die groep meer wil weet van die geloof en gebruike van Moslems om meer begrip te wil hê vir hulle situasie.

   c. Vra of dit moontlik is om as toeskouer deel te mag wees van die gebed en of die groep daarna vir ongeveer een uur met enkele Moslems kan praat en vrae stel.

   d. Vra of dit moontlik is dat die groep uit manne, vroue, tieners en bejaardes kan bestaan, sodat die groep ook insig kan kry in die leefwêreld van die vroue en tieners.

LES 4 LEWE MET MOSLEMS

    e. Dit sal goed wees as die imam ook by die gesprek teenwoordig kan wees.

4. Nadat 'n datum en tyd afgespreek is, is dit belangrik om die dag voor die afspraak dit nog eens telefonies te bevestig.

Opdrag na afloop van die besoek aan die moskee:

1. Wat het u geleer uit hierdie besoek?
2. Lees Handelinge 10 en dink na oor die verhouding van Cornelius en Petrus. Vergelyk Cornelius met die Moslems wat u ontmoet het:
    a. Dink u dat God die gebede van hierdie Moslems hoor? Wat dink u gebeur wanneer hulle bid?
    b. Peter learned an important lesson from Cornelius. What have you learned from the Muslims you met?
    c. Petrus leer 'n belangrike les van Cornelius. Wat het u geleer van Moslems?
    d. Cornelius het net een visioen nodig gehad om tot aksie oor te gaan; Petrus, drie. In watter mate is u daarvan bewus dat Christene soms minder ontvanklik is vir wat God te sê het as mense van buite die kerk ?

SHARING LIVES　　　　　　　　　　　　　　LES 5

LES 5:
BOU VRIENDSKAPSVERHOUDINGS WAT HOU

Doel: Leer om getuies te wees en ons lewens te deel in ons verhoudings met Moslems

Om te doen:
Bespreek die besoek aan die moskee en die lesopdrag.

Noudat ons ons houding ten opsigte van Moslems en die Islam bespreek het, meer geleer het oor die geloof en lewens van Moslems en die geleentheid gehad het om Moslems te ontmoet, kan ons ondersoek op watter maniere ons, ons lewens met Moslems kan deel en binne hierdie konteks met hulle oor ons geloof in Jesus Christus kan praat. Dit is die onderwerp van hierdie vyfde en finale les van die kursus.

A　Jesus se inkarnasie: 'n model vir ons

In Johannes 1:14 lees ons: *"En die Woord het mens gewoon en by ons kom woon."* Die vleeswording (= inkarnasie in Latyn) van Jesus Christus is 'n pragtige voorbeeld vir Christene. Ons behoort Jesus se voorbeeld te volg. Hy neem 'n dienskneghouding aan en word deel van die gemeenskap (Fil 2:5-8).

Die apostel Paulus skryf in 1 Tess 2:8: *"Ons was heeltemal bereid om nie net God se goeie nuus met julle te deel nie, maar ook ons eie lewe, want ons het julle liefgekry."*

Die vers beskryf die wyse waarop Paulus en sy medewerkers in Thessalonika gewerk het. Hulle het opregte liefde gehad vir die mense met wie hulle die Evangelie gedeel het. Hulle het nie net die Evangelie nie, maar ook hulle eie lewens met die mense gedeel. In hierdie brief skryf Paulus nege keer, "julle weet" waaruit ons kan aanneem dat die Thessalonisense sy lewe van digby geken het.

LES 5 　　　　　　　　　LEWE MET MOSLEMS 　　

As ons die bostaande wil toepas in ons eie verhoudings met Moslems, val vier dinge op:

a Evangelisasie is nie in die eerste plek 'n aktiwiteit nie, maar 'n lewenswyse. Dit gaan nie om wat ons doen nie, maar om wie ons is.

b Die lewe van die gelowiges moet die inhoud van die Evangelie weerspieël.

c As Moslems kennis moet maak met 'n waarheidsgetroue voorbeeld van Jesus Christus en die Bybelse waarhede, moet hulle dit kan sien in die lewens van Christene wie sy ken en vertrou.

d Wanneer Christene op 'n duidelik manier die Evangelie hande en voete wil gee (inkarnasie), is dit nodig om Moslems te leer ken en te begryp in 'n verhouding van liefde en vertroue.

Dit beteken dus dat Christene hulle lewens met Moslems deel.

> **Visie:**
> **Hoe sou die wêreld daar uitsien as elke Suid-Afrikaner, elke Belg, elke Christen in die wêreld één Moslemvriend het?**
> **"Christus se eenvoudige program om die hele wêreld te wen is om elke persoon wie Hy aanraak, so met liefde te magnetiseer dat ander mense aangetrek word."[9]**
> **Lees ook Ef 5:8-11**

B　　Wat beteken dit om 'n relasionele getuie te wees?

In sy boek, *Distinctly Welcoming*, skryf Richard Sudworth:

Wat ons anders maak, is nie net wat ons glo nie. Dit is die wyse waarop wat ons glo ons motiveer en ons gedrag bepaal. Argumente oor geloof oortuig mense selde van die geloofwaardigheid daarvan. Geloof in aksie maak die verskil.[10]

---

[9] Frank Laubach, Man of Prayer (Syracuse, NY: Laubach Literacy International, 1990), p. 154.
[10] Richard Sudworth, Distinctly Welcoming, (NSW Australia: Scripture Union Australia, 2007), 48.

SHARING LIVES — LES 5

Alhoewel die teologie van die Christelike geloof van die teologie van die Islam verskil sal die Moslems net weet wat dit verskil is as dit nie ons gedrag bepaal nie.

Ons het vroeër in die kursus gesien dat Jona se teologie nie sy gedrag beïnvloed het nie. Hy sou waarskynlik 'n gesprek oor die konsep van genade en vergewing met die Nineviete kan aanknoop, maar hy was nie bereid om genade deur sy lewe aan hulle te gee nie. Om net oor ons geloof te praat, oortuig mense selde van die waarheid daarvan. Dit maak egter 'n groot verskil as ons lewens die waarheid van dit waarin ons glo, weerspieël. Jesus het nie met die regeerders van sy tyd geargumenteer oor die werklikheid van die koninkryk van God nie, Hy het die koninkryk van God uitgeleef, verduidelik hoe dit begryp moet word en geleef moet word. Ons behoort dieselfde te doen.

Inkarnasionele of relasionele getuie te wees vind uitdrukking in vriendskaps-evangelisasie. Dit is 'n relasionele of persoonlike benadering waar ons doel is om 'n verhouding te bou wat sal lei tot 'n een tot een-gesprek (of met een familie) maar nie 'n groepsgesprek nie. 'n Geloofsgesprek moet liefs gebeur binne 'n verhouding van liefde, vertroue en respek. Die ontwikkeling van so 'n vertrouensverhouding vra tyd en inspanning en gaan veel verder as 'n eenmalige bespreking oor die Christelike geloof en die Islam. Dit beteken onder andere om saam dinge te doen, tyd met mekaar deur te bring, belang te stel in mekaar se lewens, die wel en wee met mekaar te deel en goeie vriende te word. Dit beteken om jou hele lewe te deel en nie net die Evangelie nie.

Vanuit ons opregte besorgdheid en sorg ontstaan baie geleenthede om Bybelse waarhede te deel. Nie op 'n abstrakte wyse, sonder 'n vertrouensverhouding nie, maar as deel van ons daaglikse lewe. Binne ons natuurlike daaglikse lewe word ons geloof sigbaar vir ons Moslem vriend(in) in woord en daad. Soms gaan dit met woorde gepaard, soms met dade. Ons Moslem vriend(in) sien van naby hoe ons omgaan met vas, Kersfees, konflik, met geld, met probleme, met ons familie. Hulle bemerk die reddende genade en krag van Jesus Christus in ons

LES 5 — LEWE MET MOSLEMS

daaglikse lewe. Baie Moslems kom onder die indruk van die Evangelie en kry 'n verlange na God as hulle sien hoe opregte Christene hulle geloof uitleef, diensbaar, nederig, getrou aan hulle vriende en in die gemeenskap. Dit is daarom ook baie belangrik om die keuses wat u maak in die lewe te verduidelik vanuit u dissipelskap van Jesus Christus.

Uiteraard sal daar momente van meningsverskil en konfronterende vrae wees. Goeie vriende weet hoe om op 'n liefdevolle manier van mekaar te verskil. Om getuie van Jesus te wees, het 'n prys en kan lyding meebring soos ons sien in Jesus se lewe van lyding en selfs die dood. Ons weet dat baie Bybelse waarhede haaks staan op wat Moslems glo. Om daaroor te argumenteer, los van die wyse waarop hierdie waarheid gestalte kry in u eie daaglikse lewe, lewer selde blywende resultate op. Bid dat God u die wysheid gee om te weet waar om te swyg en te luister, dat Hy jou die regte woorde op die regte tyd sal gee en jou sensitief sal maak vir die node en geloofs-oortuigings van jou vriend.

Hoe gereeld u binne die vriendskapsverhouding die geleentheid kry om die Evangelie te deel kan nie in 'n program vas gelê word nie. Tog sal u vanuit u liefde en besorgdheid oor mense wat nog nie die Evangelie gehoor het nie, hulle graag wil voorstel aan u beste Vriend, naamlik Jesus Christus.

In die Bybel sien ons dat Andreas sy broer Simon (Petrus) en Filippus sy vriend Natanael na Jesus toe geneem het. Evangelisasie word soms beskryf as om jou vriende te neem om jou beste Vriend, Jesus, te ontmoet. Relasionele getuie beteken dat ons daarna verlang dat ons Moslem vriende Jesus sal ontmoet, sodat hulle hom sal erken as Heer en dat Hy ook hulle beste vriend sal word. Dit begin by gebed. Ons bid vir hulle en dit kan daartoe lei dat u die voorreg het om hulle na Jesus toe kan lei, sodat Jesus ook hulle Vriend word.

SHARING LIVES　　　　　　　　　　　　　　　　LES 5

> **Bespreek:**
> 1　Argumente om iemand te oortuig van die Bybelse boodskap is minder effektief as om hande en voete te gee aan die Bybelboodskap. In hoeverre stem u daarmee saam/nie saam nie?
> 2　In 1 Kor 9:19-23 skryf Paulus dat hy homself diensbaar maak aan mense om soveel moontlik te wen. Hoe kan ons dit ook in ons verhoudings met Moslems toe pas?

C　Praktiese wenke om in kontak met Moslems te kom

In die tyd van Jesus het Jode en Samaritane in een land gewoon maar *"die Jode wou immers niks met die Samaritane te doen hê nie"*. (Joh 4:9) Ons kan dikwels dieselfde sê van die Christene en Moslems in ons lande, stede en strate. Moontlik het die kursus u gestimuleer om u lewe met Moslems te deel. Dan sal u vra: "Waar begin mens?" In antwoord hierop gee ons enkele praktiese riglyne deur:

Bied aan om as vrywilliger in die gemeenskap, vlugtelingsentrums of by immigrasie behulpsaam te wees.

1　Maak kontak met die lokale moskee of Islamitiese sentrum om hulle te ontmoet. Vind uit of daar projekte is waarmee hulle besig is waar samewerking moontlik is. Nooi hulle uit om die kerk te besoek.

2　Organiseer saam met jou Moslembure 'n kultuuraand met ete en musiek om meer van mekaar se kulture te leer ken.

3　Bid vir Moslems in u omgewing. Vra ook of hulle spesiale gebedsversoeke het.

4　Leer 'n paar groetvorme aan in die taal wat die Moslems praat en groet hulle in hulle eie taal.

5　Maak gebruik van hulle ondernemings en begin daar om met die mense te praat.

6　Vind uit watter sosiale behoeftes Moslems het en begin om klasse/lesse (bv. taal, sportaktiwiteit, naskoolse hulp aan leerlinge, naaldwerkklasse, rekenaarklasse) aan te bied.

LES 5 LEWE MET MOSLEMS

7 Neem aan die aktiwiteite deel wat deur Moslems aangebied word.
8 Soek maniere om saam te werk in gemeenskapsprojekte.
9 Help jou Moslem bure op praktiese maniere.
10 Besoek Islamitiese webwerwe en kletskamers en gaan in gesprek met hulle

Dit is maar enkele voorbeelde van hoe u 'n verhouding kan aangaan met Moslems in u omgewing.

D Let op die volgende in u vriendskapsverhouding met Moslems:

Soos reeds gesê, 'n geloofsgesprek met Moslems moet liefs binne die konteks van 'n verhouding van liefde en respek gevoer word. Dit is onmoontlik om vooraf te leer wat in so 'n gesprek gesê of gedoen moet word. Die volgende riglyne kan van waarde wees:

- Hou rekening met die man/vrou situasie. Manne praat met manne en vroue met vroue
- Gebruik u Bybel met respek (geen plakkers daarop, onderstreep geen gedeelte nie, geen briefies in die Bybel en sit die Bybel nie op die grond neer nie)
- Bied geen varkvleis of alkohol aan nie. Baie Moslems eet net halaal-vleis (vleis geslag volgens Moslemtradisie).
- Bid gereeld vir u Moslemvriende. U kan dit ook vir hulle sê en selfs vra of daar iets is waarvoor u kan bid.
- Deel u lewe met u Moslemvriende. Betrek hulle by u lewe. Wees ook betrokke by belangrike gebeurtenisse in hulle lewens.
- Bly uself, dan kan u volhou.
- Wees bereid om oor alles en nog wat te praat bv. Kinderopvoeding, ete, gesondheid. Hou dit nie net by geloofsake nie.
- Praat met vrymoedigheid oor u geloof en koppel Christelike oortuigings aan u daaglikse lewe.

SHARING LIVES   LES 5

- Moenie die Islam, Islamitiese praktyke en Mohammed aanval nie. Moenie veroordeel nie. Wat uit ons mond kom sê meer oor onsself as oor ander.
- Moenie in die strik van sinlose diskussies trap nie. (Sien Paulus se waarskuwing in 2 Tim 2:23,24.)
- Moet niks forseer nie. Sorg dat die deur oop bly vir 'n volgende gesprek.
- Stel alles in werking om misverstande en vooroordele van Moslems ten opsigte van Christene uit die weg te ruim;
- Wees bereid om foute van uit die verlede (en hede!) toe te gee.
- Maak gebruik van verhale en voorbeelde om Bybelse waarhede te verduidelik. Maak dit so persoonlik as moontlik. Dit is beter om te sê: "Ek glo dat ... of ek is oortuig dat ...", as wat dit is om te sê: "Die Christen-kerk of die Protestantse kerk sê ..."
- Gebruik soveel moontlik u persoonlike getuienis, nie net van hoe u die Here leer ken het nie, maar ook van antwoorde op gebed, die manier waarop God u lewe lei.
- Leef in ooreenstemming met die waarheid van die Evangelie. Die moeilikste maar terselfdertyd die belangrikste deel van die geloofsgesprek is dat ons 'n voorbeeld is van die boodskap wat ons verkondig.

E   'n Voorbeeld van 'n ontmoeting met Moslems

Na drie dae het hulle Hom by die tempel gekry waar Hy tussen die geleerdes sit en na hulle luister en hulle uitvra. Almal wat Hom gehoor het, was verbaas oor sy insig en sy antwoorde. (Lukas 2:46-47

Ons is geroep om soos Christus te wees in ons verhoudings. Dié geskiedenis van die twaalfjarige Jesus in die tempel, is volgens Colin Chapman in sy boek, *Kruis en Halwe Maan*, 'n goeie voorbeeld van 'n ontmoeting tussen 'n Christen en 'n Moslem:[11]

---

[11] Colin Chapman, *Cross and Crescent: responding to the Challenge of Islam* (Downers Grove, II., USA: IVP Books, 2007), 24, 25.

LES 5 — LEWE MET MOSLEMS

Jesus sit tussen hulle
Hoe kan Christene tussen Moslems sit? Byvoorbeeld deur by hulle tuis op besoek te gaan, 'n besoek te bring aan 'n moskee, 'n Islamitiese jeuggroep of studente groep. Ons moet soek na natuurlike ontmoetings. Hoeveel weet ons van die gemeenskap waaraan hulle behoort of van hulle kultuur en geskiedenis? Weet ons hoe dit voel om in hulle skoene te staan? Weet ek wat hulle reaksie op my is?

Luister
Jesus het na die geleerdes geluister. Hoe kan ons na Moslems luister? 'n Opregte verlange om te leer hoe hulle oor sake dink, maak dit moontlik om te luister. Gee aandag aan hoe hulle uitdrukking gee aan hulle geloof, in plaas daarvan om net aandag te hê vir wat in die media oor hulle gesê word. Dit beteken dat ons hulle wêreld en geskiedenis leer ken. Ons leer om in hulle skoene te staan en deur hulle oë na die wêreld te kyk. Dit beteken om met jou hart te luister en nie net met ons ore nie. Die Bybel sê *"die persoon wat goed luister, sal suksesvol getuig"* (Spreuke 21:28).

Stel vrae
Jesus het vrae gestel. As ons die seerste twee stappe geneem het, is ons in staat om beter vrae te stel, sonder dat dit vir die Moslems bedreigend oorkom. Begin met basiese vrae, maar met verloop van tyd kan meer indringende vrae rakende sommige van hulle geloofsoortuiginge met omsigtigheid gestel word. Die doel van die vrae is nie om die Moslems in verleentheid te stel nie, maar om 'n sinvolle gesprek te voer.

Toon begrip
Die geleerders het gesien dat Jesus hulle begryp. Die antwoorde op onze vrae sal ons help te begryp wat hulle sê lewe van 'n Moslemvriend(in), meer as wat ons daaroor gelees het; Insig stel ons in staat om te onderskei wat die belangrikste kwessies is en voorkom dat ons op 'n syspoor van eindelose redenasies beland.

SHARING LIVES — LES 5

Antwoorde

Jesus het die vrae van die skrifgeleerdes beantwoord. As Moslems merk dat ons hulle regtig begryp, sal hulle waarskynlik ook vrae oor ons geloof begin stel. Wanneer ons die fase bereik waar ons antwoorde kan gee op alle vrae, sal ons in staat wees om by ons Moslem vriende opregte vrae op te roep en nie slegs die vrae wat ons dink dat hulle behoort te stel nie. In hierdie fase het ons ook de reg verwerf om te praat.

> **Opdrag:**
> Vra die Heer om jou in kontak te bring met minstens een Moslem met wie jy 'n betekenisvolle verhouding kan aangaan sodat jy Sy getuie kan wees in hulle lewens.

SLOTWOORD

Die kursus het tot 'n einde gekom. Vir meer vrae en addisionele inligting vir die volgende stappe, kan u die OM-kantoor kontak:
info@sharinglives.eu

Vir boeke, DVD's en addisionele inligting, besoek die webwerf: www.sharinglives.eu. Raadpleeg ook die byvoegsel.

BYVOEGSEL

Aanbevole bronne vir dié wat meer wil leer[12]

Inside Islam (DVD)

Inside Islam (2002) is 'n dokumentêr wat 'n goeie kennismaking met die Islamgeloof bied. Onderwerpe sluit in: Islam se raakpunte met Judaïsme en Christendom, die lewe van Mohammed, die Vyf Pilare van die Islam (geloofsbelydenis, gebed, aalmoese, vas gedurende Ramadan, en die pelgrimstog na Mekka) geskiedenis van die Islam, vroue en die Islam, Europese kolonialisme, Islam, die Volk van Islam en *djihad*.

Kruis en Halwe Maan: reaksie op die uitdaging van Islam.
Colin Chapman

Deur ons uit te daag om ons houding ten opsigte van Islam te ondersoek, spreek Colin Chapman onderwerpe aan rakende Christelike interaksie met Islam en Moslems. Hy ondersoek hoe Christene effektief getuies kan wees van Jesus Christus. Hierdie boek sluit in "Islamitiese Terrorisme", "Wat is Islam?", Die Koranitiese beskouing van Christene en "Wat Christene omtrent Jesus Glo". Die boek wil Christene toerus om Moslems en Islam beter te begryp in 'n voortsnellende veranderende wêreld.

Grace for Muslims? The journey from fear to faith
Steve Bell

'n Moslemjoernalis stel die vraag: Waarom verander 'n essensieël "vredeliewende" geloof sommige volgelinge in "demone"? Hierdie

---

[12] Die aanbeveling van hierdie bronne beteken nie dat ons ons vereenselwig met die gehele inhoud daarvan nie.

LEWE MET MOSLEMS — BYVOEGSEL

vraag staan in die hart van die Islamitiese debat. Alarmiste maak stellinge omtrent hierdie demone, terwyl die moontlikheid van 'n vredeliewende Islam oorboord gegooi word. Baie is verward oor die twee gesigte van Islam. Is dit moontlik vir Christene om uit te reik n a Moslems sonder om polities naïef of teologies liberaal te wees? Steve glo dat dit moontlik is. Hy deel sy eie reis en reflekteer hoe hy die kritieke bestanddeel, Genade, ontdek het.

Encountering the world of Islam
Keith Swartley (editor)

Encountering the world of Islam is 'n kursushandleiding, en sluit artikels van tagtig skrywers wat op verskillende plekke in die Moslem-wêreld gewoon het, in. Hierdie boek gids jou deur 'n reis in die lewens van Moslems dwarsdeur die wêreld en in jou omgewing. Deurmiddel van hierdie omvattende versameling leer jy meer van Mohammed en die geskiedenis van die Islam, verwerf jy insig in die konflikte van vandag, en word Westerse vrese en mites verdryf. Jy ontdek die frustrasies en verlangens van Moslems en leer om vir hulle te bid en hoe om vriendskappe te sluit. *'n Ontmoeting met die Wêreld van Islam* voorsien 'n positiewe, gebalanseerde en Bybelse perspektief op God se hart vir Moslems en rus jou toe om na hulle uit te reik met Jesus se liefde.

The Crescent through the Eyes of the Cross
Nabeel T. Jabbour

In hierdie boek wil die skrywer, 'n Arabiese Christen, lesers help om insig te kry en te groei in empatie vir Moslems. Die skrywer het 'n fiktiewe verhaal geskryf omtrent Ahmed, een van sy Moslemvriende. Ons hoor van Ashmed se vader en suster in Egipte. Deur die mond van Ahmed en sy familie bespreek Ahmed verskillende onderwerpe van die Moslem wêreldbeeld, wat Christene wat die Goeie Nuus wil deel, sal moet kan hanteer. Onderwerpe soos die verwantskap tussen Jesus Christus, Mohammed, die Koran en die Bybel; die rol van Israel,

BYVOEGSEL   LEWE MET MOSLEMS

kultuurverskille; die rol van die vrou die Westerse Christelike geskiedenis van die Kruistogte en Kolonialisme, kontekstualisering van ons boodskap, integrasie van gelowiges vanuit 'n Moslem-agtergrond in die kerk.

Waging Peace on Islam
Christine A. Mallouhi

Hoe kan besorgde Christene Islam benader? Soos wat die betrekkinge tussen Islam en die Weste steeds meer gepolariseer word, is baie Christene angstig by ontmoetings met Moslems. Hoe kan ons jare, eeue so wantroue oorbrug? Chrsitine Mallouhi, wat vanweë haar huwelik deel geword het van 'n Moslemfamilie en 'n groot deel van haar lewe in die Midde-Ooste gewoon het, stel voor dat ons St. Francis se voorbeeld moet volg. Hy het gedurende die Kruistogte uitgereik na die Moslems en die Evangelie selfs met die Sultan gedeel.

The Costly Call
Emir Fethi Caner and H. Edward Pruitt

Twintig hedendaagse verhale van Moslemsvanuit verskillende wêrelddele, wat vir Jesus gevind het.

Daughters of Islam – Building Bridges with Muslim Women
M. Adeney

In *Daughters of Islam* stel Mirioam Adeney u voor aan vroue soos Ladan, Khadija en Fatma. U maak kennis met hulle lewens, vrae en hoop. U ontdek hulle unieke situasies tussen hulle susters in Arabië, Irak, Suidoos-Asië en Afrika. U ontdek wat het hulle na Jesus Christus toe getrek. Terwyl u kennis maak met die lewens van Ladan, Khadija en Fatma ontdek u hoe om, om te gaan met ander vroue vanuit 'n Moslem-agtergrond en hoe om hulle aan Christus voor te stel.

LEWE MET MOSLEMS   BYVOEGSEL

The World of Islam (CD)

The World of Islam CD-Rom bevat meer as 39 volledige boeke, verskeie artikels oor Islam en Christen getuienisse, insluitende 'n 750-bladsy woordeboek van Islam, artikels wat betref konteks en die oorsprong van fundamentalisme en militante in die Islam. Nuwe, opgedateerde kaarte gee die hedendaagse situasie in die Moslem-wêreld weer. Ingesluit is meer as 100 afdrukbare foto's van die Islam-wêreld, agt volledig studiekursusse oor Islam deur erkende geleerdes, 'n volledige teks van die Koran, bibliografie, links na webadresse en veel meer ... meer as 12 000 bladsye vol inligting!

More than dreams (DVD)

In 'n dokumentdrama-formaat bevat hierdie DVD vyf ware lewens-verhale van mense die Moslems was en wie Jesus nou ken as hulle Verlosser. Die verhale is geselekteer uit Egipte, Iran, Turkye, Nigerië en Indonesië. In *More than dreams* is hierdie verhale herskep. Elke verhaal word in sy eie taal weergegee; Die films sluit 'n bediening-segment in waarin verduidelik word wat dit beteken om Christus te volg en waarin die kykers in die bekeringsgebed gelei word.

Bert de Ruiter (ed.)

Engaging with Muslims in Europe

In Europe one finds Christian communities and Muslim communities living in close proximity to each other. Muslims and Christians pass each other in the streets, stand next to each other waiting for the bus or metro, live next to one another in streets, share apartment buildings with each other, study in the same universities, have their lunches in the same business canteens, shop in the same shopping centres. Nevertheless, they are essentially strangers to each other. Only a small minority of Churches and Christians in Europe are engaged with Muslims through meaningful and loving relationships which provide opportunities to witness to them about the truth of God.

The European Ministry to Muslims Network of the European Leadership Forum seeks to equip the Church in Europe to relate to Muslims with a compassionate heart, an informed mind, an involved hand and a witnessing tongue. In this book members of the network and others write about their engagement with Muslims in Europe.

Pb. • pp. 112 • £ 7.00 • € 8.00
ISBN 978-3-95776-025-8

VTR Publications • Gogolstr. 33 • 90475 Nürnberg • Germany
info@vtr-online.com • http://www.vtr-online.com

Bert de Ruiter

Sharing Lives
Overcoming Our Fear of Islam

This book argues that the single greatest hindrance to Christian witness amongst Muslims in Europe is fear.

Many European Christians fear that Europe will gradually turn into Eurabia, or Islamic domination of Europe, and they ignore the efforts of Muslims to adapt to the European context, a situation pointing to a future scenario of Euro-Islam, or Islam being Europeanized. The author argues that instead of an attitude of fear, which leads to exclusion, Christians should develop an attitude of grace, which leads to embrace.

After analyzing books and courses developed to help Christians relate to Muslims, he concludes that these mostly concentrate on providing information and skills, instead of dealing with one's attitude. Because of this the author developed a short course to help Christians overcome their fear of Islam and Muslims and to encourage Christians to share their lives with Muslims and to share the truth of the Gospel.

Pb. • pp. XIII + 209 • £ 13.95 • € 14.90
ISBN 978-3-941750-22-7

VTR Publications • Gogolstr. 33 • 90475 Nürnberg • Germany
info@vtr-online.com • http://www.vtr-online.com

www.ingramcontent.com/pod-product-compliance
Lightning Source LLC
Chambersburg PA
CBHW071749040426
42446CB00012B/2501